아름답고 행복한 기도의 세계

정원 지음

영성의 숲

서문

　기도에 대한 책을 읽는 사람은 많지만 기도하는 사람은 많지 않습니다. 기도하는 사람은 많아도 변화되는 사람은 그리 많지 않습니다.
　한국교회는 기도를 많이 하는 편입니다. 새벽기도, 철야기도, 작정기도, 릴레이 기도 등 교회마다 많은 기도의 프로그램이 있습니다. 그리고 많은 분들이 참여합니다. 그러나 그 기도의 결과로 주님을 가까이 경험하고 천국의 향취를 경험하며 아름답고 풍성한 삶의 열매를 거두는 경우는 그리 많지 않은 것 같습니다.
　그 이유는 무엇일까요. 그것은 아마 기도의 동기, 기도의 방법, 기도의 방향 등에 대해서 충분히 이해하지 못하고 있기 때문에 그런 것은 아닐까요. 우리가 바른 기도를 배울 수 있다면 기도는 발전해 나가고 열매도 잘 맺을 수 있을 것입니다.
　오늘날 많은 이들이 기도를 드리지만 주로 급한 문제가 있을 때에만 기도하는 것이 보통이며 기도를 단순히 문제 해결을 위한 하나의 방편으로 생각하는 경향이 있습니다. 그러므로 많은 그리스도인들이 기도의 아름다움과 행복에 대해서 잘 알지 못합니다.
　그러한 이들에게 도움을 주기 위해서 이 책을 썼습니다. 기도의 즐거움을 모르는 이들에게 기도가 얼마나 좋은 것인지, 기도하는 일이 얼마나 아름답고 행복한 것인지 나누고 싶어서 이 책을 썼습니다.

그러나 기도의 갈망, 기도의 소원은 오직 주님만이 주실 수 있는 것이며 기도의 아름다움은 주님만이 밝히실 수 있을 것입니다. 부디 주님께서 이 작은 책을 사용해주시기를 바랄 뿐입니다.

많은 주를 사모하는 이들, 기도를 배우기 원하는 이들이 이 글을 통해서 기도를 조금 배우고 기도의 영을 얻을 수 있도록 기도하는 마음으로 이 글을 드립니다. 이 글을 읽는 분들이 부디 이 아름다운 기도의 여행을 시작하며 주님과의 새롭고 복된 여정에 들어가시기를 기대합니다.

이 책은 베드로 서원에서 〈기도 업 데이트〉라는 제목으로 발행되어 독자님들의 많은 사랑을 받았습니다.

이제 새롭게 〈영성의 숲〉에서 발간하게 되었습니다. 제목도 〈아름답고 행복한 기도의 세계〉가 내용의 흐름과 조화가 된다고 느껴져서 바꾸게 되었습니다. 부디 이 책이 독자 님들의 영적 여정에 귀한 동반자가 되기를 기대합니다.

2005. 6. 정원 드림.

목 차

서문

1부 기도는 행복입니다

1. 기도는 천국의 문입니다 · 10
2. 기도는 행복입니다 · 12
3. 기도는 둘이서 하는 것입니다 · 14
4. 기도는 짝사랑의 종말입니다 · 17
5. 기도는 주님의 임재를 누리는 것입니다 · 21
6. 기도는 무시로 해야합니다 · 22
7. 기도는 호흡처럼 자연스러운 것입니다 · 23
8. 기도가 흐르게 하십시오 · 24
9. 기도는 기다림입니다 · 26
10. 기도는 사람의 마음을 바꿉니다 · 28
11. 기도는 순결해야 합니다 · 31
12. 기도는 충전입니다 · 33
13. 기도는 기대입니다 · 35
14. 기도는 주님의 인도를 받아야 합니다 · 37
15. 기도는 주님께 맡기는 것입니다 · 39
16. 기도는 친교입니다 (1) · 43
17. 기도는 친교입니다 (2) · 45
18. 외로움은 기도의 시작입니다 · 48
19. 기도는 모든 것입니다 · 50

20. 기도는 외로움을 치료합니다 · 51
21. 기도는 주님의 음성을 듣는 것입니다 · 54
22. 기도는 마음의 바다에 들어가는 것입니다 · 56
23. 기도는 내면의 주님께로 가는 것입니다 · 57
24. 기도는 평안입니다 · 58
25. 기도는 행복한 가정의 시작입니다 · 61
26. 기도는 그리스도를 얻는 것입니다 · 63
27. 기도는 완성입니다 · 64
28. 기도는 영의 흐름입니다 · 65
29. 욕심을 버릴 때 기도가 가벼워집니다 · 66
30. 기도할 때 주님은 가까이 계십니다 · 68
31. 기도는 대화입니다 · 70
32. 기도는 날마다 새로운 것입니다 · 72
33. 예수 이름의 기도가 능력이 있습니다 · 73
34. 기도는 부족감을 채워줍니다 · 74
35. 기도는 믿음을 일으킵니다 · 78
36. 기도는 마음을 비우는 것입니다 · 80
37. 고통은 기도를 아름답게 만듭니다 · 82
38. 내적 기도가 주님의 음성을 듣습니다 · 85
39. 기도만이 참된 행복을 줍니다 · 88
40. 무능함의 발견이 기도를 간절하게 합니다 · 90
41. 기도는 참된 교육입니다 · 92
42. 기도는 영적 전쟁입니다 · 94

43. 기도도 가짜가 있습니다 · 97
44. 기도의 실제를 경험하십시오 · 99
45. 기도는 방법이 아닙니다 · 103
46. 기도는 삶입니다 · 106
47. 기도는 중보입니다 · 108
48. 기도는 주님이 우리와 함께 있다는 사실을 아는 것입니다 · 110
49. 기도는 눈물입니다 · 112
50. 기도는 그리움입니다 · 114

2부 기도의 계단을 오르십시오

51. 기도는 서로 안아주는 것입니다 · 118
52. 기도는 포옹까지 이르는 것입니다 · 121
53. 기도할 때 예의를 갖추십시오 · 124
54. 기도의 대화 이전에 치유가 먼저입니다 · 127
55. 기도는 갈망입니다 · 132
56. 듣는 기도를 하십시오 · 134
57. 기도의 단계에서 머물지 마십시오 · 139
58. 사람의 말을 잘 듣는 것이 기도의 시작입니다 · 143
59. 기도는 삶의 패턴을 결정합니다 · 148
60. 침묵기도는 자신을 보여줍니다 · 150
61. 기도의 대화는 임재 후에 옵니다 · 154
62. 기도의 언어를 훈련하십시오 · 157

63. 기도의 언어에 당신의 진심을 담으십시오 · 160
64. 기도는 인격입니다 · 162
65. 인간관계가 기도에 영향을 줍니다 · 164
66. 기도는 혼자 있음을 행복하게 해줍니다 · 167
67. 기도의 막힌 곳을 뚫으십시오 · 168
68. 기도는 여행입니다 (1) · 175
69. 기도는 여행입니다 (2) · 178
70. 기도는 여행입니다 (3) · 180
71. 기도는 불꺼진 창입니다 · 182
72. 기도는 소중한 관계를 일깨워줍니다 · 183
73. 기도는 섬김입니다 · 185
74. TV를 끄는 것이 기도의 시작입니다 · 188
75. 기도는 주님의 은혜를 사모하는 것입니다 · 191
76. 죄의 고백이 기도를 깊게 합니다 · 193
77. 기도는 깨달음을 줍니다 · 195
78. 기도는 입맛을 바꾸어줍니다 · 198
79. 기도만이 중독을 치유할 수 있습니다 · 202
80. 절망은 기도의 에너지입니다 · 204
81. 기도는 인내입니다 · 206
82. 기도는 기쁨입니다 · 210
83. 기도는 심판입니다 · 213
84. 기도는 호흡입니다 · 217
85. 기도는 예수 충만입니다 · 220

86. 예수 기도를 드리십시오 · 222
87. 기도는 지옥을 천국으로 만듭니다 · 225
88. 기도는 주님과 하나 됨을 아는 것입니다 · 228
89. 자기 변명의 거절이 영혼을 성장시킵니다 · 229
90. 기도는 마음의 벽을 허뭅니다 · 230
91. 기도는 신뢰입니다 · 231
92. 기도는 선악이 아니고 생명입니다 · 236
93. 기도는 예금입니다 · 238
94. 기도는 참된 근원입니다 · 243
95. 기도는 통찰력의 산에 오르는 것입니다 · 247
96. 기도는 섬이 아닙니다 · 250
97. 기도의 계단을 오르십시오 (1단계 - 애굽) · 254
98. 기도의 계단을 오르십시오 (2단계 - 광야) · 260
99. 기도의 계단을 오르십시오 (3단계 - 가나안) · 267
100. 기도는 재회의 약속입니다 · 273

1부

기도는 행복입니다

기도는 행복입니다.
기도를 하는 것은
주님과 함께 아름답고 행복한 세계로
들어가는 것입니다.
이 행복한 기도의 세계로 들어오십시오.
이 기도의 세계에서 행복을 경험하게 될 때
당신은 진정한 기쁨이 무엇인지 알게 될 것입니다.

1. 기도는 천국의 문입니다

만일 당신이 진정 행복하기를 원한다면 당신은 기도의 세계를 경험해야 합니다. 기도 없이는 아무도 결코 행복하지 않습니다.

왜냐하면 하나님께서는 당신을 만드셨고 당신의 심장 속에 조그마한 공간을 만들어 두셨기 때문입니다.

그 공간은 아주 작을지 모르지만, 그 공간이 비어있는 사람은 결코 행복할 수 없습니다. 그 공간은 주님만이 오셔서 채우실 수 있습니다.

많은 사람들이 자기 마음속의 공간을 다른 것으로 채우려고 애썼습니다. 낭만적인 사랑, 친구의 우정, 가족들의 따뜻한 관심, 세상적인 성공으로써..

그러나 그 어떤 것으로도 그 공간은 채워지지 않습니다. 오직 그 공간을 지으신 그분만이 그곳에 좌정하시고 그분만이 그곳을 채우십니다.

기도는 마음속의 가장 깊은 공간을 채웁니다.

기도하고 기도하고 또 기도할수록

영혼의 깊은 부분은 채워집니다.

깊은 슬픔과 절망, 외로움은 조금 씩 조금 씩 사라져 버리고 대신에 주님의 임재하심이 그 공간을 채웁니다.

그리고 거기서부터 행복은 시작됩니다.

기도는 행복입니다.
기도는 천국입니다.
기도는 천국의 문입니다.
천국의 주인 되시는 주님께서 들어오시는 길
그것이 바로 기도입니다.

2. 기도는 행복입니다

몹시 지치고 피곤했던 어느 날, 나는 익숙하지 않은 거리에서 헤매다 어떤 교회에 들어갑니다.
예배당 안에는 아무도 없습니다. 아니, 어떤 소녀 하나가 피아노를 치고 있습니다. 서툰 솜씨로 찬송가를 띵똥거립니다.
길다란 의자들.. 여기저기 널려있는 찬송가, 성경책.. 나는 쓰러지듯 의자에 주저앉습니다.
나는 너무 지쳐있고 피곤해 있지만, 왜 그렇게 피곤한지, 지쳐있는지 모릅니다. 나는 몹시 슬프고 외롭습니다.
그러나 왜 슬픈지, 외로운지도 모릅니다. 나는 갑자기 내가 혼자라는 느낌이 듭니다. 그리고 세상은 너무 피곤한 곳이라는 생각이 듭니다.
나는 조용히 주님의 이름을 부릅니다.
"주님, 예수님.."
그 다음에 무슨 말을 해야할지, 무엇을 기도해야 할지,
아무런 생각도 나지 않습니다.
할 수 없이 나는 다시 주님을 부릅니다.
"주 예수님.."
나는 이제 조용히 피아노의 선율에 귀를 기울입니다.
귀에 익숙한 곡입니다.

갑자기 내가 울기 시작합니다. 이상하게도.. 내 눈에 눈물이 흐르기 시작합니다. 내 심장 속에서 어떤 일이 일어나기 시작합니다. 따뜻하기도 하고, 뭉클하기도 한 느낌.. 하여튼 나는 흐느껴 웁니다. 그러나 내가 왜 우는지는 모릅니다.

긴 의자의 앞부분에 팔을 기대고 나는 한참동안 엎드려 있습니다. 이제 내 마음은 가라앉고 평안합니다.

얼마의 시간이 지난 후 나는 자리에서 일어납니다.

나의 몸은 가볍고 나의 마음은 상쾌합니다.

나는 휘파람을 불면서 교회 문을 나섭니다.

내 안에 어떠한 일이, 어떠한 변화가 있었는지, 나는 잘 알지 못합니다. 그러나 내가 분명히 아는 것은 나는 더 이상 혼자가 아니며 세상은 결코 피곤한곳이 아니라는 사실입니다.

내가 분명히 아는 것은 내가 주를 부를 때 그분이 나를 만지신다는 사실입니다.

나는 내 자신이 너무나 행복한 존재라고 생각합니다. 행복한 걸음걸이로 나는 집으로 옵니다.

기도는 행복입니다.

주님은 행복이십니다.

기도는 행복의 문입니다.

우리가 기도할 때

그 행복의 문을 열고

주님께서 오십니다.

3. 기도는 둘이서 하는 것입니다

세 여인이 대화를 합니다.
"내 남편이 바람이 났어."
다른 여인이 대답합니다.
"지난주에 나 사고날 뻔했어."
세 번 째 여인이 말합니다.
"우리 애가 얼마나 속을 썩이는지.."

첫 번 째 여인이 계속합니다.
"도대체 지가 나한테 그럴 수 있어?"
둘째 여인이 대답합니다.
"글쎄, 앞차가 갑자기 브레이크를 걸지 뭐야."
셋째 여인도 말합니다.
"걔 때문에 환장할 것 같아."

그 여인들은 계속 그녀들의 독백을 이어갑니다. 그들의 관심은 상대방이 아닙니다. 오직 자기 자신 뿐입니다. 그러므로 그들은 오랫동안 이야기하지만 아무것도 상대방과 나누지 못합니다. 그들은 많은 시간을 같이 보내지만, 진정 서로 고독합니다.
교제가 끝나고 집으로 와도 그녀들의 가슴은 여전히 텅 비어 삶의 허무와 공허만이 가득합니다.
많은 사람들이 그렇게 기도합니다. 그들은 상대방에게 관심이 없습니다. 그들은 주님에 대하여 관심이 없습니다. 그들의 관심은 자기뿐입니다. 그들은 진정한 교제, 진정한 사랑, 진정한 나눔이 무엇인지 모릅니다.

"하나님 아버지 너무 힘들어요."
"내 딸아 내가 너를 사랑하노라."
"사랑하는 주님, 도대체 이럴 수가 있어요."
"얘.. 나는 네가 내게 온 것이 기쁘단다."

"주님, 도대체 언제까지 기다려야 해요?"
"딸아, 그것은 지금 네게 필요한 것이 아니란다.."
"주님, 사람들이 나를 우습게 안다구요. 엉엉."
"얘.. 너는 나를 따라오겠다고 말하지 않았었니?"

그들은 주님과 이렇게 각자 따로 따로 이야기를 나눕니다. 그리고 그들은 기도를 마치고 집으로 갑니다. 그들의 마음은 여전히 무겁습니다. 여전히 속이 상합니다. 너무나도 아름다운 주님께서 바로 옆에 계셨는데도, 너무나도 친절하신 그분께서 수없이 위로하셨는데도 그들은 아무것도 듣지 못합니다.
그들은 많이 기도하지만 별로 변화되지 않습니다.
그들은 계속 고독합니다.

주님도 계속 고독하십니다.
부디 바른 기도를 배우십시오.
더 이상 당신 혼자서 기도하지 마십시오.
더 이상 주님을 외롭게 하지 마십시오.
기도는 둘이서 하는 것입니다.
말하고, 듣고, 기다리고, 웃고..
그 아름다운 기도의 세계로
조용히 들어가 보십시오.
그것이 바로
기도입니다.

4. 기도는 짝사랑의 종말입니다

떡볶이와 오뎅을 먹으려고 분식집에 갔습니다. 분식 집 아주머니와 이야기를 나눕니다. 아주머니는 삶의 아픔들을 많이 겪으신 것 같습니다. 나는 주님과 복음에 대하여 이야기를 합니다. 며칠 후에 전화가 왔습니다.

"목사님, 목사님의 말씀이 가슴에서 떠나지를 않아요. 꼭 뵙고 싶어요."

약속을 하고 나서 나는 엎드립니다.

"주님, 그녀에게 무슨 말을 해야 합니까?"

잠시 후에 주님께서 말씀하십니다.

"우선, 그녀의 이야기를 충분히 들어주어라. 그 다음에 나의 이야기를 전해라. 내가 그녀를 사랑한다고.. 그녀를 오랫동안 기다려 왔다고.. 너는 네가 혼자라고 생각했지만 나는 줄곧 네 옆에 있었다고.. 이제 나는 너를 지킬 것이며 영원히 함께 할 것이라고.."

늦은 밤이지만, 그녀는 우리 집에 옵니다. 아내는 그녀에게 마실 것과 과일을 가져다줍니다. 그녀는 그녀의 고통스러운 삶의 과정을 이야기합니다. 나는 그녀의 이야기를 듣습니다.

시간이 흐르고 나는 주님의 말씀을 전합니다.

"주님께서 당신을 너무도 사랑한다고 하십니다. 주님께서는 오랫동안 당신의 이름을 불렀다고 하십니다. 그분은 진정 당신을 돕기 원하셨지만 당신은 괴로워만 했을 뿐 그분의 도움을 받아들이지는 않으셨다고 하십니다. 이제 그분이 당신 곁에 와 계시며 당신을 도우시기를 원하십니다.."

그렇게 말씀을 전합니다.

말씀을 들으면서 그녀는 울기 시작합니다. 그리고 말합니다.

"목사님, 제가 원래 눈물이 별로 없었던 사람인데, 왜 자꾸 눈물이 나지요?"

나는 대답합니다.

"오랫동안 자신을 묶어놓고 계셨군요. 그냥 울고 싶으면 우세요. 자신을 그냥 내 버려두세요."

나는 그녀에게 묻습니다.

"짝사랑을 해보신 적이 있나요?"

그녀는 대답합니다.

"네. 있지요."

"그때 기분이 어땠어요?"

"답답하고 괴롭지요."

"그렇다면 주님께서 아주 오랫동안, 당신을 짝사랑하고 계시는데 그 마음을 이해하시겠어요?"

그녀는 놀랍니다.

"주님께서요? 정말이세요?"

"그래요. 정말입니다."

그녀는 묻습니다.
"그러면 저는 어떻게 해야 되지요?"
"대답하세요. 주님께."
"뭐라고 대답하지요?"
"네. 주님. 그러세요."
"그러면 돼요?"
"네. 주님께서 오랫동안 당신의 이름을 부르셨기 때문에. '네. 주님, 제가 여기 있어요.' 하면 되요."
"네. 주님, 제가 여기 있어요.. 그런데 왜 자꾸 눈물이 나지요?"
나는 대답합니다.
"이산가족이 서로 만난 거예요."
"이산가족이라구요?"
"네. 당신 속의 영혼과, 그 영혼을 창조하신 주님이 서로 같이 만났지요. 두 분은 서로 성분이 같기 때문에 같이 만나면 너무 좋고, 그래서 울 수밖에 없는 거예요."

그녀는 한참 후에 일어납니다.
"벌써 새벽 한시가 되었군요. 목사님, 참 마음이 가벼워졌어요. 굉장히 마음이 편안해요."
"그럼요. 이제부터 기도를 배우세요. 점점 더 행복해져요."
그녀는 가벼운 발걸음으로 집을 향해 떠납니다.
기도는 행복입니다.

기도는 기쁨입니다.
기도는 주님께서 우리 이름을 부르면서 시작하셨고
우리가 대답함으로써 이루어지게 됩니다.
기도는 짝사랑의 종말입니다.
우리가 주님께 대답할 때 주님의 짝사랑은 끝이 납니다.
그리하여 우리와 주님의 사랑의 교제가 시작되는 것입니다.

5. 기도는 주님의 임재를 누리는 것입니다

아기가 자랄 때에 가장 필요한 것은 기저귀도 아닙니다. 우유도 아닙니다. 그것은 엄마의 사랑입니다.

엄마는 아가를 안고 말합니다.

"사랑스러운 아가야! 어쩌면 이렇게 예쁠 수가 있을까! 엄마는 너를 너무너무 사랑한단다.."

엄마는 아가의 조그마한 손가락을 어루만집니다. 아가를 품에 안고 볼에다, 입술에다 입을 맞춥니다. 사랑의 터치.. 그것이 아이를 건강하게 만듭니다.

만짐을 받지 못한 아이, 아주 적게 어루만짐을 받은 아이는 마음이 불안합니다. 어두워집니다. 그는 힘든 인생을 살아가게 됩니다.

마찬가지로 우리에게는 주님의 만져주심이 필요합니다. 하나님의 임재하심이 필요합니다. 우리들의 영혼은 작은 아기처럼 사랑하는 주님의 품을 그리워합니다.

기도는 그와 같이 우리의 어린 영혼이 주님의 임재하심 속으로 들어가 그의 사랑의 만짐을 경험하는 것입니다. 그것이 바로 기도입니다.

6. 기도는 무시로 해야 합니다

기도하기가 싫을 때가 있습니다.
그러나 그때에 더욱 기도해야 합니다.
왜냐하면 기도하기 싫다는 것은
영혼이 병들은 것이니까요.
그렇기 때문에 망가진 영혼을 회복하기 위해서
기도해야 합니다.

기도가 몹시 하고 싶을 때도 있습니다.
그때에도 역시 기도해야 합니다.
왜냐하면 기도의 소원은 성령의 감동이고
그 성령의 감동을 소멸시켜서는 안 되기 때문입니다.
결국 우리는 기도가 하고 싶든지 하기 싫든지 간에
언제나 무시로 항상 기도해야 하는 것입니다.

7. 기도는 호흡처럼 자연스러운 것입니다

기도를 하기 위해서 꼭 교회에 가야 하는 것은 아닙니다.
기도를 하기 위해서 꼭 무릎을 꿇어야 하는 것은 아닙니다.
또한 기도할 때마다 항상 손을 모아야 하는 것도 아니지요.
당신은 사무실에 있을 수도 있습니다.
전철 안에서 서 있을 지도 모르지요.
혹은 잠자리에 있을지도 모릅니다.
그곳이 어디이든 무슨 일을 하고 있든
있는 곳에서 조용히 주님을 부르십시오.
그저 마음속으로 "오, 예수님!" 하십시오.
그것이 기도입니다.
그렇게 하고 나면 이제 당신 안에서
놀라운 일들이 시작될 것입니다.

기도는 호흡처럼 자연스러운 것입니다.
호흡은 너무 쉬운 것입니다.
그러나 호흡이 없이는 아무도 살 수 없습니다.
마찬가지로 기도가 없이는
아무도 살아갈 수 없는 것입니다.

8. 기도가 흐르게 하십시오

기도할 때 지나치게 악을 쓰지 마십시오.
기도할 때 너무 흥분하지 마십시오.
그러한 기도는 자연스러운 것이 아닙니다.

그러한 기도가 필요할 때도 있습니다. 강력하게 기도하면 겉사람이 자극을 받고 강건해지며 은사가 나타납니다. 방언도 하게 되고 영적인 불도 옵니다. 강한 권능과 뜨거운 느낌이 임하며 환상이 보이고 비밀의 세계가 열리기도 합니다.

그러나 오직 거기에만 치우치면 내면의 영혼이 손상될 수 있습니다. 능력은 임하지만 내적인 아름다움이 손상될 수 있습니다. 그렇게 되면 권능은 나타나지만 사랑의 삶을 사는 것은 어려워집니다.

뜨거운 기도도 필요하지만 점차로 이 기도의 단계를 넘어서야 합니다. 겉사람의 흥분을 잔잔하게 가라앉히고 내면의 영혼이 움직이도록 해야 합니다.

기도를 억지로 하지 마십시오.
쥐어짜듯이 하지 마십시오.
시냇물이 흘러가도록
당신의 기도가 흘러가게 하십시오.

외부가 시끄러우면
영혼은 움직이지 않습니다.
그러나 외부가 조용해지고
당신의 육체가 잠잠해지면
당신의 영혼은 움직이기 시작합니다.
자연스럽게, 아주 자연스럽게
기도의 흐름, 영혼의 흐름을 경험하십시오.
그것이 아름답고 깊은
기도의 요령입니다.

9. 기도는 기다림입니다

분식 집 아주머니에게 갔습니다. 그리고 말했습니다.
"천국열쇠를 드릴게요."
"네?"
"이게 우리교회 열쇠예요.
일을 마치고 집에 가시기 전에 교회에 와서 기도하세요."
"어머, 고마워요."

"기도를 배우고 싶다고 하셨죠?"
"네. 그래요."
"기도를 시작해 보세요."
"그래요. 그런데 어떻게 시작해야 되죠?"
"먼저 교회에 와서 열쇠로 문을 열어요."
"그 다음에는 요?"
"그 다음에는 의자에 앉아야 되죠."
"그 다음에는 요?"
"오분이나 십분 쯤 앉아 계세요."
"그 다음에는 요?"
"마음이 편안해지면 집으로 가시면 되요."
"그게 끝이예요?"

"네."
"너무 간단하지 않아요?"
"기도는 원래 간단한 거예요.
그리고 처음에는 말이 별로 필요가 없어요.
조용히 앉아있는 훈련만으로도 처음에는 충분해요.
조용히 주님을 생각하면서 앉아 있으세요.
지루하지 않으면 시간을 늘려도 되요."

"잡념이 떠오르면 어떡하죠?"
"피아노 위에 조그만 카세트 라디오가 있어요.
누르면 조용한 찬양이 나와요.
가만히 듣고 있으면 도움이 될 거예요."
"그래요. 한번 해 볼게요.
괜히 마음이 편안해 지는 것 같아요."

기도는 주님과의 대화입니다.
사람들은 무조건 떠들기만 하면 다 통한다고 생각합니다.
그러나 혼란스러운 마음, 쫓기는 심령은 주님과 교통하기 어렵습니다.
모든 마음의 찌꺼기들이 다 가라앉을 때까지
먼저 조용히 기다리는 훈련이 필요합니다.
침묵, 기다림, 잔잔해짐, 평화를 경험하기..
바로 이런 것들이 기도의 시작입니다.

10. 기도는 사람의 마음을 바꿉니다

어느 유명한 목사님의 가정에서 가정예배를 드립니다. 그런데 그 목사님의 영적 상태가 너무 좋지 않았습니다.

목사님이 사모님께 말합니다.

"여보, 오늘 예배는 당신이 인도하시오. 나 지금 너무 힘들어요."

사모님이 대답합니다.

"싫어요. 나는 목사가 아니예요. 기도와 설교는 당신이 전문가잖아요. 그러니까 당신이 하셔야 해요."

할 수 없이 목사님이 예배를 인도합니다. 하지만 기도를 했으나 한 것 같지 않습니다. 말씀을 읽었으나 심령이 달콤하지 않습니다. 찬송을 했지만 역시 감동이 없습니다.

간신히 예배를 마치고 그들은 잠자리에 듭니다.

사모님은 금방 잠에 빠집니다. 그러나 목사님은 잠을 이루지 못합니다. 영적인 에너지가 떨어지고 나니 마음에 평화가 없어지고 수많은 근심과 염려가 몰려옵니다. 갑자기 목사님은 곤하게 잠이 든 아내가 미워집니다.

'내가 이렇게 괴로운데 잠만 쿨쿨 자고 있어?'

목사님은 갑자기 외로운 마음이 듭니다. 목사님은 자리에서 일어납니다.

'안되겠다. 이거. 마귀가 나를 누르는구나.'

목사님은 거실에서 기도합니다. 방언을 하면서 주님을 부르면서 기도합니다. 악한 영이 공격하고 있을 때는 소리를 내서 기도해야 합니다.

그러나 기도가 너무 되지 않습니다. 그의 기도는 하늘은커녕 천장에도 오르지 못하고 떨어지는 것 같습니다. 목사님은 진땀을 흘립니다. 그는 계속 기도의 씨름을 계속합니다.   30분쯤 시간이 흐르고 갑자기 목사님의 심령이 뻥! 하고 뚫립니다. 악한 영의 억압이 사라진 것입니다.

목사님의 심령에는 다시금 꿀물이 흐르기 시작합니다. 주님의 사랑과 기쁨이 그의 마음속에 가득하게 채워집니다.

목사님은 감사의 기도를 드립니다.

"오, 하나님. 제가 도대체 무엇이기에 이처럼 사랑해 주십니까. 주님. 저같이 악한 죄인을 받아주시고 사랑해 주시다니요.

오, 주님. 어떻게 당신의 은혜를 다 갚을 수 있겠습니까.."

목사님은 흐느껴 웁니다.

목사님은 기도를 마치고 방으로 들어갑니다. 아내는 여전히 곤하게 잠이 들어 있습니다. 목사님은 갑자기 아내가 너무나 사랑스럽게 느껴집니다.

목사님은 또 감사의 기도를 드립니다.

"오. 주님. 저렇게 귀한 아내를 주셔서 너무 감사드립니다. 아내의 기도와 헌신이 없었더라면 저는 결코 지금 이 자리에 있지 못했을 것입니다.."

목사님은 행복하게 잠자리로 들어갑니다.
이제 그는 내일도 승리의 삶을 살 수 있게 될 것입니다.
기도.. 그것은 사람의 마음을 바꾸어 줍니다.
불안에서 평안으로, 불평에서 감사로, 미움에서 사랑으로
사람의 마음을 아름답게 바꾸어주는 것입니다.

11. 기도는 순결해야 합니다

교회 강대상 의자 앞에서 무릎을 꿇고 주님께 기도를 드립니다. 그런데 아래층에서 어두운 기운이 올라오기 시작합니다.

나는 궁금해집니다. '누가 이렇게 악한 기운을 가지고 오는 걸까? 누가 어디에 갔다가 악한 기운이 붙어서 오는 걸까?'

잠시 후 문을 열고 어느 자매가 들어옵니다. 그리고 그녀의 주위 2,3m 정도까지 어두운 그림자가 그녀를 둘러싸고 같이 들어옵니다.

그녀는 교회의 맨 뒷자리에서, 나는 가장 앞자리에서 기도합니다. 그러나 기도를 할 수가 없습니다. 그녀를 두르고 있는 영적 파동이 내게까지 전달되어 오기 때문입니다.

머리가 아픕니다. 구토가 올라옵니다. 할 수 없이 나는 그녀에게로 갑니다.

"오늘, 어디에 갔었어요?"

그녀는 대답하지 않습니다.

"어디서 이렇게 마귀를 많이 데려왔어요?"

그녀는 부끄러워서 어쩔 줄을 몰라합니다. 할 수 없이 나는 기도를 포기하고 집으로 갑니다. 나중에 알고 보니 그녀는 신앙이 없는 그녀의 남자 친구와 함께 스트립쇼를 하는 술집에 갔다왔다고 합니다.

그러니 기도가 될 리가 없지요. 그 영혼이 정화되고 기도의 영이 열려서 주님과 교통이 되려면 조금 시간이 필요할 것입니다.

맑고 아름다운 기도를 위하여 우리는 보고 듣는 것을 조심해야 합니다. 우리가 느끼든 느끼지 못하든 세상의 영은 우리의 영혼에게 고통을 줍니다. 보고 듣는 것은 우리의 영혼에게 직접적인 영향을 끼치는 것입니다.

많은 사람들이 자기의 영혼을, 자기 속에 계신 주님을 함부로 대하고 학대하며 자기 영혼의 고통과 주님의 고통을 느끼지 못합니다. 그것이 그들이 기도의 깊은 곳에 들어가지 못하는 이유입니다.

이렇게 눌린 영혼의 회복을 위해서 많은 눈물이 필요합니다.

많은 사람들이 기도 중에 경험하는 의미를 알 수 없는 눈물, 슬픔.. 그것은 바로 영혼의 고통이며 영혼이 정화되기 위하여 스스로 몸부림치는 것입니다.

영혼은 더러움을 싫어합니다. 그러므로 기도는 순결해야 합니다. 맑고 아름답고 깊은 기도의 세계에 들어가기 위하여 우리는 이 세상에 물들지 말고 항상 맑고 아름다운 순결함을 유지하여야 하는 것입니다.

12. 기도는 충전입니다

청년 시절의 어느 날 나는 아내와 데이트를 하고 있습니다. 나는 갑자기 영적인 배터리가 떨어진 것을 느낍니다. 나는 그녀에게 말합니다.

"나, 배터리 떨어졌어."

그녀는 웃습니다. 그녀는 내가 말하는 의미를 압니다.

배터리가 떨어지면 나는 말이 잘 나오지 않습니다. 어색하게 더듬거립니다. 기분도 우울해 집니다. 웃고 싶지 않습니다. 다 귀찮아 집니다.

그녀는 말합니다.

"우리, 교회에 가요."

우리는 새문안 교회로 갑니다. 그곳은 우리의 아지트입니다. 우리는 광화문에 있는 '생명의 말씀사'에서 만나서 책을 보고, 근처의 중국집에서 짜장면을 먹습니다. 그리고 기도를 하러 새문안 교회로 가곤 합니다. 이것이 주로 우리의 데이트 코스입니다.

우리는 교회로 들어갔습니다. 우리는 떨어져서 각자 자리를 잡고 기도합니다. 10분, 20분, 30분이 지나고 나의 심령은 주님의 에너지로 충전됩니다. 나는 일어나 그녀의 자리로 갑니다.

그녀가 묻습니다.

"충전 끝났어요?"
나는 웃습니다.
"응. 이제 충전 끝났어."

이제 나는 웃을 수 있습니다.
재미있는 이야기도 할 수 있습니다.
우리는 즐거운 데이트 시간을 보낼 것입니다.
기도 - 그것은 충전입니다.
그것은 우리의 삶을 풍성하게 만들며 생기가 넘치게 하는
영적이고 생명적인 충전인 것입니다.

13. 기도는 기대입니다

많은 사람들이 별다른 기대도 없이 예배를 드립니다. 주님께서 이 예배를 통해서 어떻게 일하실까 하는 기대감 없이 습관적으로 교회에 옵니다.

마찬가지로 사람들은 별다른 기대와 소망도 없이 습관적이고 메마른 기도를 드립니다. 우주의 왕 되시는 그 놀라운 분과의 만남을 그들은 별것이 아닌 것으로 여깁니다.

세상에는 신을 찾기 위하여 고행하는 사람들.. 깨어진 유리조각 위에 알몸으로 눕기도 하고 자기의 몸을 거꾸로 매달기도 하는 사람들.. 일생동안 진리를 얻기 위해 몸부림치는 사람들도 있습니다. 그러나 진리를 알고 영생을 얻었다는 우리들은 막상 그 진리에 대하여 너무나 시큰둥하며 지극히 평범하고 따분한 일로 받아들입니다.

지금은 선교사로 가 있는 어떤 후배가 물었습니다.

"형님.. 날마다 한 시간씩 기도를 하는데 기도가 너무 재미가 없어요. 기도의 내용이 너무 똑같아요. 맨날 뻔 하죠. 성령충만을 위해서, 나라와 민족을 위해서, 가족을 위해서, 구원받을 영혼을 위해서, 일상의 필요를 위해서.. 항상 기도하죠. 그런데 이렇게 똑같을 바에는 테이프를 녹음해서 매일 틀어놓는 것이 낫지 않을까 싶어요."

나는 그에게 성령의 임하심으로 방언을 받을 수 있도록 도와주고 영으로 인도 받는 기도를 가르쳐 줍니다. 그리고 말합니다.

"기도를 형식으로 각본대로 하지 마라. 기도는 연극대사가 아니야. 데이트할 때 대사를 외워 가지고 가니? 데이트할 때 애인과 만나서 경제 민주화, 한국 정치의 나아갈 길, 세계 역사의 철학적 조명.. 그런 거 얘기하니?

시시하고 싱거운 얘기하잖아. 그러나 그 시시한 이야기가 얼마나 즐겁고 재미있니? 기도도 그렇게 재미있게 해야 한단다.

짜여진 각본을 가지고 기도하지 말고 그 때 그 때 마음의 감동과 즐거움과 소원이 임하는 대로 자연스럽게 즐겁고 따뜻하게 해야 한단다. 기도가 기계적이고 기도에 즐거움이 없다면 아직 기도가 뭔지 모르고 있는 거야.."

당신도 그렇게 형식적으로 무미건조하게 기도하지 마십시오.
기도는 TV 드라마보다 주간지보다 더 재미있는 것입니다.
주님께 대한 그리움으로, 기대로 그분께 나아가십시오.
기대함으로 기도를 드리십시오. 주님께서 오늘 어떻게 임하실까.. 어떻게 말씀하실까.. 무엇을 보여주시며 무엇을 깨닫게 하실까.. 그렇게 기대하면서 기도를 드리십시오.
기도는 기대입니다.
그리고 그러한 기대가
당신의 기도를 즐겁게 만들 것입니다.

14. 기도는 주님의 인도를 받아야 합니다

평소의 나는 더운 것을 잘 참지 못합니다. 몸에 열이 많기 때문입니다. 그러나 감기에 걸렸거나 몸살로 몸이 쑤시면 나는 이불을 뒤집어쓰거나 따뜻한 방구들에 몸을 지집니다. 내 안에 냉기가 들어왔기 때문에 열기를 보충하는 것입니다.

어떤 종류의 새들은 몸에 병이 생기게 되면 평소에는 거들떠보지도 않던 독이 많이 들어있는 나무열매를 열심히 뜯어먹습니다. 그 나무열매는 너무 독해서 조금만 양을 지나치게 먹으면 죽게 되지만 신기하게도 그 새는 자기에게 꼭 필요한 양을 먹으며 그 후에는 그 열매가 먹기 싫어지는 것입니다.

어떻게 그럴 수 있을까요. 그것은 그 새의 속에 있는 생명이 그렇게 인도하기 때문입니다.

기도도 마찬가지입니다. 기도의 기본원리는 성령의 인도 안에서 기도하는 것입니다.

어떤 이는 기도의 시작을 회개로부터 해야 한다고 합니다. 주님은 거룩하시고 우리는 죄인이므로 그분과 교통하기 위해서는 먼저 죄를 씻어야 한다고 말합니다.

어떤 이는 기도의 시작을 감사로 시작해야 한다고 합니다. 우리의 죄, 우리의 약함보다 주님의 사랑이 크시니 감사로서 시작해야 한다고 합니다.

찬송으로 시작하라는 분도 있고 문제부터 내려놓으라는 분도 있습니다. 그러나 무엇보다 더 중요한 것은 우리의 기도를 주님께서 인도하시며 우리는 그 인도를 따라 기도해야 한다는 사실입니다.

어느 때에 우리는 회개하고 싶고 어느 때는 울고 싶으며 어느 때는 감사하고 싶고 어느 때는 웃고 싶어집니다. 어느 때는 춤을 추고 싶을 때도 있고 어느 때는 조용히 기다리고 싶을 때도 있으며 어느 때는 사랑의 고백을 하고 싶어집니다. 이것은 우리 안에 있는 생명의 장치가 우리를 그분께로 인도하시며 우리의 영혼을 자연스럽게 이끄시고 있기 때문입니다.

그러므로 기도의 인도를 받으십시오. 어떤 형식에 구애받지 말고 주님께서 당신의 기도를 이끌어 가시도록 조용히 내어드리십시오.

당신이 기도를 하려고 하지 말고 당신 안에 계신 분이 당신 안에서 기도를 할 수 있도록 조용히 당신을 드리십시오.

그 기도의 흐름을 조용히 즐기면서 따라가십시오.

그것이 바른 기도입니다. 기도는 그처럼 시냇물과 같이 아름답게 흘러가는 것이며 그렇게 기도할 때 우리의 기도에는 아름다움과 풍성함이 넘치게 되는 것입니다.

15. 기도는 주님께 맡기는 것입니다

학생들이 대입 수능고사를 치르는 동안 어머니는 바깥의 교문 앞에서 두 손을 꼭 쥐고 안타까이 호소하는 표정으로 기도를 드립니다. 그것은 신문에서 많이 보았던 익숙한 사진이고 그 사진의 제목은 '안타까운 모정' 혹은 '어머니의 기도' 입니다.

그렇습니다. 그것은 기도입니다. 그러나 어쩌면 그것은 기도가 아닐지도 모릅니다. 왜냐하면 기도는 대화이며 상대방과의 교류인데 지금 그녀의 관심은 기도의 대상이 아니며 자신의 소원이기 때문입니다.

그녀들은 기도를 하지만 기도의 대상에는 관심이 없습니다. 그 대상이 부처이든, 예수님이든, 알라든, 하나님이든, 성모 마리아든 상관없이 그저 내 아이만 시험에 붙으면 되는 것입니다.

그것은 기도의 본질에서 벗어나 있는 것입니다.

그는 주님을 향하고 있는 것이 아니라 자기 자신을 향하고 있는 것입니다. 자기의 목적을 향하고 있는 것입니다. 그는 자신의 소원을 향하여 자신의 기도를 쏘아 올리고 있는 것입니다.

어떤 이들은 굉장히 많은 기도제목을 가지고 있습니다. 그들은 기도수첩에 수없이 많은 기도제목을 적고 응답된 것을 하나하나 지워 나갑니다. 그것은 훌륭한 기도입니다. 그러나 그것이 기도의 전부는 아닙니다.

마태복음 7장에서 구하라, 찾으라, 두드리라, 했기 때문에 사람들은 무조건 열심히 구하는 것을 기도라고 생각합니다. 그러나 열심히 구하는 것보다 더 중요한 것은 무엇을 위하여 왜 기도하느냐하는 것입니다.

마태복음 7장 11절은 구할 때 좋은 것을 주신다고 하셨습니다. 그리고 누가복음 11장 13절을 보면 그 '좋은 것'이 성령이라는 사실을 알 수 있습니다. 그러므로 결국 구하고 찾고 두드리라는 것은 주님자신을 얻기 위해서, 그분의 가치를 발견하고 간절하게 사모하고 추구하라는 것이지 아무것이나 원하는 대로 모든 것을 구하라는 것은 아닌 것입니다.

성경의 일관되게 가르치고 있는 기도의 제목은 그의 나라와 그의 의를, 주님이 기뻐하시는 것을 구하라는 것입니다. (마6:33)

요한복음 15장 7절은 "너희가 내 안에 거하고 내 말이 너희 안에 거하면 무엇이든지 원하는 대로 구하라. 그리하면 이루리라"고 말씀합니다.

그것은 주님께서 우리 안에 거하시고 우리가 주님의 말씀을 깨닫게 될 때 진정 무엇이 귀한 것인지 깨닫게 되며 오직 주님의 원하시는 것을 구하게 된다는 말씀입니다.

즉 주님께서 우리 안에 거하지 않을 때는 우리의 정욕과 소원대로 구하게 되고 거기에는 응답이 없으며 있더라도 유익이 없다는 것입니다.

영적으로 어릴 때는 주님께서 기도를 가르치시기 위해서 낮은 영역의 기도에도 주님은 응답해 주십니다. 그러나 조금 자란 후에는 더 이상 그러한 응석이 통하지 않으며 거기에는 응답이 없는 것입니다.

솔로몬에게 주님께서 물으셨습니다.

"네 소원이 무엇이냐 구하는 대로 주리라."

그러자 솔로몬은 그의 개인적인 소원을 구하지 않았습니다. 그는 그의 사명을 감당하기 위해서 주님의 지혜를 구했습니다. 주님의 뜻과 주님의 나라를 위해 구한 것입니다. (왕상 3:9) 이에 주님은 크게 기뻐하셨습니다.

"너는 네 개인적인 부와 영광을 구하지 않는구나. 그러나 이제 내가 네게 지혜뿐 아니라 부와 영광도 허락하여 주겠다." 하고 말씀하셨습니다. (왕상 3:13)

우리가 구하지 않아도 주님께서는 우리의 필요를 아십니다. 주님께서 말씀하시기를 "무엇을 먹을까 무엇을 마실까 염려하지 마라. 이는 다 이방인들이 구하는 것이다" 라고 말씀하십니다. (마 6:31,32) 그러므로 우리가 그분의 필요를 구할 때 그분은 우리의 필요를 채워주십니다.

많은 간구의 눈물이 있습니다. 많은 애통과 애걸복걸이 있습니다. 이것이 주님의 뜻을 이루기 위한 고통이라면 그것은 좋은 것입니다. 그러나 많은 경우 그러한 애걸은 개인적인 욕망, 고집, 자아에 불과합니다. 그러한 기도는 이루어져도 영혼에 도움이 되지 않으며 지나친 애걸과 염려는 주님의 사랑에 대한 불신에서 기인하는 것입니다.

우리가 애걸하고 울부짖지 않아도 주님은 우리를 사랑하시고 인도하십니다. 우리가 두려워서 악을 쓰지 않아도 그분은 우리를 보호하십니다.

주님을 신뢰하십시오.
조용히 그분의 앞에 자신을 맡기십시오.
그분의 뜻은 악한 것이 아닙니다.
많은 애걸과 탄원보다 주님께 대한 고요한 신뢰와 감사가
주님의 마음을 움직입니다.
100번의 울부짖음보다 한번의 조용한 신뢰가
주님의 마음을 기쁘시게 합니다.
기도는 주님의 뜻을 구하는 것입니다.
내 생각과 나의 의지를 주님의 뜻에 맡기는 것입니다.
그분을 신뢰하고 의탁할 때
우리의 기도는 단순해집니다.
그리하여 우리의 기도는 자신과 미래에 대한 염려와 기도에서 벗어나 조용히 주님의 원하시는 것을 구하게 되는 것입니다.

16. 기도는 친교입니다 (1)

신학대학원 시절, 가끔 전화를 하는 친구가 있었습니다. 이 형제의 전화를 받으면 반갑기는 하지만 아주 많이 기쁘지는 않습니다. 왜냐하면 이 형제의 전화 목적은 항상 뻔한 것이기 때문입니다. 그는 시험 범위, 리포트의 내용 등 자기가 필요한 정보만을 얻기 위해서 전화합니다. 그래서 정보를 얻고 나면 지체 없이 전화를 끊습니다.

전화를 끊고 나면 나는 허전한 느낌이 듭니다.

오늘날 사람들은 항상 현실적인 목적을 가지고 움직이지만, 그러나 우리는 가끔 목적 없는 전화를 받고 싶습니다. '형제님. 그냥 목소리가 듣고 싶어 전화드렸습니다.' 그런 전화를 말입니다. 아무 이유 없이 그저 서로가 그립고 궁금해서 하는 전화.. 그런 전화를 받고 싶은 것입니다.

우리의 기도 형태는 어떨까요. 어쩌면 우리의 기도도 이와 같이 사무적이고 목적중심인 경우가 많지 않을까요?

왜 우리는 급한 일이 생겨야만 빚쟁이처럼 주님께 달려가는 것일까요? 그냥 이렇게 기도할 수는 없을까요?

"주님, 제가 왔습니다. 그냥.. 특별한 일은 없구요..
그저 주님의 음성이 그리워서요."

그것은 싱거운 기도입니다.

하지만 주님은 그러한 기도를 기뻐하실 것입니다.
기도는 친교입니다.
특별한 어떤 목적이 없이도
그저 서로 같이 있기만 해도 즐겁고 행복해지는..
그러한 친교의 만남.. 그것이 바로 기도인 것입니다.

17. 기도는 친교입니다 (2)

아기를 키우면서 경험하는 행복 중의 하나는 아기가 잠자는 모습을 보는 것입니다. 하루의 피곤한 여정이 끝나고 아기가 잠이 든 모습을 보면 지쳐있는 엄마의 가슴속에는 따뜻한 등불이 켜집니다. 그녀는 아기를 보면서 모든 시름을 잊고 모든 피로가 사라짐을 느끼게 됩니다.

아기의 잠자는 모습은 천사와 같습니다. 왜냐하면 어린아이는 천국의 주인이며 실제로 천사들이 아기를 지키고 있기 때문입니다.(마 18:3,10)

아이의 자는 모습을 보는 것 못지않게 행복한 것은 아이를 안아주는 것입니다. 아이를 안아주는 것은 얼마나 즐겁고 행복한 일인지 모릅니다. 그래서 어른들은 아이를 볼 때마다 서로 안아주려고 합니다.

아이가 좀 더 자라서 걸을 수 있으면 어른들은 아이들에게 팔을 벌리고 '이리 온' 합니다. 아이를 안아주고 싶어서입니다. 그러나 낯을 가리고 오지 않는 아이도 많습니다.

그럴 때 어른들은 서운해집니다. 그러므로 어른들에게 낯을 가리지 않고 잘 안기는 아이들은 사랑을 많이 받으며 어른들은 그 아이를 축복해주고 좋아합니다.

아이를 키우면서 또한 아주 즐거운 것은 아이에게 뽀뽀를 해

주는 것입니다. 그래서 모든 엄마 아빠들은 자기가 낳은 아이들을 아주 열심히 뽀뽀해줍니다. 나는 모든 엄마 아빠들이 아이들에게 수백 만 번도 더 뽀뽀를 하는데도 아이들이 닳아 없어지지 않는 것이 참으로 신기합니다.

나의 딸인 예원이가 세 살쯤 되었을 때 나는 예원이에게 말했습니다.

"예원아.. 아빠에게 뽀뽀해라."

아이는 '쪽!' 하고 뽀뽀를 하더니 곧 다른 곳으로 돌아다닙니다. 이 행복한 순간이 너무 짧아서 서운한 마음이 듭니다. 어떻게 하면 사랑하는 딸과 좀 더 오래 동안 뽀뽀를 할 수 있을까요? 나는 꾀를 내어서 말합니다.

"예원아, 아빠에게 뽀뽀하면서 열까지 세어라."

하지만 그것도 금방 끝납니다. 나는 다시 숫자를 늘립니다.

"예원아, 이제는 뽀뽀하면서 스물까지 세어라."

세 살이 세기에 스물은 어려운 숫자이기 때문에 예원이는 뽀뽀를 한 채로 "하나, 둘, 셋" 세느라고 꽁꽁거립니다.

그러니까 나의 입 속으로 침이 마구 들어옵니다.

나는 다시 말합니다.

"예원아.. 속으로 숫자를 세거라."

그러자 이번에는 아주 오랫동안 입을 대고 떼지를 않습니다.

내가 물었습니다.

"예원아.. 왜 그리 뽀뽀를 오래하고 있니?"

예원이가 대답합니다.

"아빠. 몇까지 세었는지 잊어버렸어요."

내가 딸과의 사랑의 사귐을 기뻐하듯이 주님도 우리와 그러한 만남을 원하실 것입니다. 아마 내가 딸과 조금 더 오래 뽀뽀를 하기 위해서 꾀를 낸 것처럼 주님도 그렇게 하실지 모릅니다.

주님께서는 그의 자녀들과의 관계를 몹시 기뻐하십니다. 그 분은 좀 더 교제시간을 많이 갖기를 원하십니다. 그리하여 우리가 빨리 그 분의 품에서 도망치지 않도록 그 분은 우리에게 여러 가지의 고통스러운 문제를 허락하시는 것입니다. 해결방법이 없는 우리는 결국 주님께 나아가게 되고 그렇게 기도와 교제는 시작됩니다.

주님의 마음을 아십시오.
문제가 생기기 전에 주님께 가십시오.
주님이 부르시기 전에 주님께로 달려가십시오.
기도는 친교입니다.
주님과의 사랑스럽고 친밀한 교제입니다.
그러므로 우리가 기쁜 마음으로 스스로 주님께 나아와서
그 품에 안기는 것보다
더 주님을 기쁘게 하는 것은 없는 것입니다.

18. 외로움은 기도의 시작입니다

 어린 시절과 청년시절에 나는 몹시 외로웠습니다. 나는 갈 곳이 없었습니다. 집은 나에게 안식처가 아니어서 있고 싶지 않았고 나와 함께 있을 수 있는 사람도 내게는 없었습니다.
 나는 사람을 사귈 줄 몰랐습니다. 어떻게 말하고, 어떻게 행동하면 사람의 관심을 끌 수 있고, 사람의 호감을 살 수 있는지 나는 알지 못했습니다. 나는 사랑 받을 구석이 한 군데도 없는 정말 썰렁한 사람이었습니다.
 너무나도 외로웠기 때문에 나는 주님께로 갔습니다. 아무도 없는 교회 지하실의 층계를 내려가 문을 엽니다. 그 곳에서 주님은 나를 만나주셨습니다. 나는 기도의 행복을 발견합니다. 기도하다가 무릎을 꿇고 잠이 드는 행복을 나는 발견합니다. 눈물의 행복, 심령의 기쁨을 나는 발견합니다.
 밤이 되어 교회 층계를 내려갈 때 나의 가슴은 기쁨으로 설레입니다.
 "주님, 제가 왔어요."
 이제 나는 더 이상 혼자가 아니라는 것을 알게 되었습니다.

 나는 그때의 외로움을 사랑합니다.
 그때의 절망을 사랑합니다.

잠을 이룰 수 없었던 수많은 불면의 밤들을 기뻐합니다.
그것들이 없었다면 나는 주님을 가까이 하는 행복을 알 수 없었을 것입니다.
외로움.. 그것은 기도의 시작입니다.
그리고 거기에서부터 행복은 시작됩니다.

19. 기도는 모든 것입니다

　영화에서 악당이 권총을 겨눕니다. 그는 주인공의 머리를 겨냥합니다. 그는 차갑게 말합니다.
　"자, 이제 기도나 해라."
　악당은 기도를 믿지 않습니다. 그는 기도는 아무 소용이 없다고 생각합니다. 기도는 맨 마지막에 체념하면서 하는 것이라고 생각합니다.
　그러나 그렇지 않습니다. 기도는 체념이 아니며 희망이며 모든 것의 시작입니다.
　기도는 또한 모든 것의 마지막입니다.
　그리고 중간에는? 중간에도 기도해야 모든 것이 진행됩니다.
　기도는 알파요, 오메가며 중간입니다. 그러므로 기도는 모든 것이며 모든 상황에서 가장 중요하고 필요한 도구인 것입니다.

20. 기도는 외로움을 치료합니다

혼자 사는 할머니에게 물었습니다.
"집사님. 뭐가 제일 힘드세요?"
그녀는 묻자마자 대답합니다.
"목사님. 혼자 있는 게 제일 힘들어요. 파출부 일도 힘들고, 몸이 아픈 것도 힘들지만, 그 중에서도 외로운 게 가장 힘들어요. 목사님이 오시는 게 제일 좋은 데, 바쁘실 까봐 말씀도 못 드리고.."
나는 대답합니다.
"죄송해요, 집사님. 자주 올게요. 하지만, 집사님.. 제가 온다고 해도 집사님의 외로움을 채워드리지 못해요. 사람들과 함께 있으면서 웃고 떠들 때는 잘 모르지만 그들이 가고 나면 오히려 더 외로워지지 않던가요?"
"정말 그렇더라구요. 목사님."
"좋은 방법을 알려 드릴까요, 집사님?"
"예. 알려주세요."

"외롭고 힘들 때는 더 외롭고 힘든 사람을 생각하는 거예요. 그리고 도와주는 거예요. 아플 때에는 더 많이 아픈 사람을 도와주는 거예요. 내가 도와야 할 사람이 누구인지 생각이 나지 않을 때는 주님께 생각나게 해 달라고 기도드리면 주님께서 생각나게 해 주셔요. 도와주는 방법은 여러 가지 있겠지만 안부 전화로 위로해 주는 것도 한 방법이고 그를 위해서 기도하는 것도 한 방법이고 어떻게 도와야 하는지 생각이 나지 않을 때는 그것도 주님께 여쭤보면 되지요.

사람은 누구나 자기에게 집중하면 불행해 지지만남을 도와주면 행복해져요. 저도 아주 힘이 들 때는 다른 사람을 위로해주곤 하지요. 그러면 제 슬픔이 없어지거든요.

그런데 집사님. 이 세상에서 가장 외로운 사람이 누구인 줄 아세요?"

"글쎄요. 잘 모르겠구만요."

"그분은 예수님이세요."

"예? 예수님이 외로우시다고요?"

"예. 주님은 너무나 외로우세요. 사람들이 그 분의 사랑을 받아주지 않기 때문에, 그 분과 함께 있지 않기 때문에 주님은 너무나 외로우세요.

할머니.. 할머니의 외로움을 주님과 함께 보내세요. 주님은 영감보다 훨씬 더 좋으신 분이세요. 금방, 새 신부처럼 행복해져요."

"목사님도 참.."

"하하하.."

"호호호.."

기도는 외로움을 치료합니다.

어떠한 외로움도 주님이 오실 때 그것은 사라집니다.
그러므로 기도의 즐거움을 아는 이들은
지독한 고독과 외로움에서 벗어나 주님과 함께 행복하고 아름다운 시간을 즐길 수 있게 되는 것입니다.

21. 기도는 주님의 음성을 듣는 것입니다

할머니가 놀란 음성으로 허겁지겁 말씀하십니다.
"목사님. 목사님 말씀이 맞더라구요."
"뭐가 맞아요?"
"주님의 음성이 들렸어요."
"어떻게요?"
"지난번에 내가 너무 속상하고 외로와서 집에 와서 누워버렸거든요? 그냥 주님께 나를 좀 데려가 달라고 막 하소연하고 있었어요. 그런데 배속에서 소리가 들리더라구요."
"배속에서요?"
"몰라요. 배속인지 가슴인지.. 하여튼 간에 속에서 그러시더라구요. 네가 나만큼 힘드냐? 왜 그렇게 서러워하느냐? 내가 너와 함께 있는 데, 왜 그리 괴로워하느냐.. 라고 하시는 거예요."

"기분이 어떠셨어요?"
"기분요? 아이고.. 말해 뭐해요. 너무나 기쁘죠. 눈물이 막 나왔어요. 너무 너무 마음이 평안하고 좋더라구요."
"이제, 주님의 음성이 들린다는 것, 정말 믿으시죠?"
"그럼요. 정말 진짜예요. 항상 그랬으면 좋겠네."
"염려마세요. 또 말씀하실 거예요. 하지만 특별한 말씀을 하지 않으셔도 주님은 할머니와 항상 함께 계셔요."

    기도는 주님의 음성을 듣는 것입니다.
    그 음성은 사랑의 음성이고 부드러운 음성입니다.
    그러므로 그 주의 음성을 듣는 자는
    모두 모두 행복해지는 것입니다.

22. 기도는 마음의 바다에 들어가는 것입니다

사람의 마음은 바다와 같습니다.
표면에는 바람이 불고 물결이 흔들립니다.
그러나 깊은 곳에는 바깥의 빛이 들어가지 않고 바람도 요동함도 없는 고요의 세계가 있습니다.
기도란 마음속의 내면 깊은 곳으로 가라앉는 것입니다.
너무나 많은 사람들이 의식의 표면 속에서
이리 뛰고 저리 뛰고 바삐 움직입니다.
그러나 의식의 표면에서는 그저 바람에 휩쓸릴 뿐,
창조적인 역사는 일어나지 않습니다.
마음의 바다에 내려가야 합니다.
기도의 깊은 곳에
내려가야 합니다.
주님께서 말씀하십니다.
"깊은 데로 가서 그물을 내리라." (눅5:4)
그 깊은 데에 이를 때
우리는 비로소 많은 고기를 잡게 되는 것입니다.

23. 기도는 내면의 주님께로 나아가는 것입니다

마음의 표면에는 우리가 있고
마음의 깊은 곳에는 주님이 계십니다.
우리가 표면에서 아무리 뛰어도
우리는 밤이 새도록 수고만 할 뿐 (눅5:5)
아무런 열매도 맺지 못합니다.
마음의 깊은 곳에서
주님과 접선이 되기만 하면
그때부터 주님께서 일하십니다.
그러므로 마음의 깊은 곳으로
내려가야 합니다.
주님의 기쁨, 주님의 거룩한 희열이 있는 곳으로
내려가야 합니다.
거기서부터 역사는 시작됩니다.
스스로 무엇인가를 만들어 내려고 하지 마십시오.
우리는 오직 주님께로 내려가는 것 뿐
모든 일은
주님으로부터
시작됩니다.

24. 기도는 평안입니다

    기도를 하고 있는 데 조그마한 손이 머리를 어루만집니다.
    천사의 손일까요? 아닙니다. 천사의 손이 이렇게 작을 리가 없겠지요. 악마의 손일까요? 아닙니다. 악마의 손이 이렇게 보드랍지는 않을 것 같아요.
    그러면 예수님의 손일까요? 아이고.. 그런데 그 작은 손이 내 머리카락을 잡아 다니기 시작하는군요. 예수님의 손도 아닌 것 같아요. 예수님께서 내 머리카락을 왜 뽑으시겠어요? 이것은 귀여운 우리 공주 예쁜 아가씨의 손입니다.
    아빠는 눈을 뜹니다. 집안은 아주 조용합니다. 엄마는 기도하러 교회에 갔고, 오빠는 유치원에 갔습니다.
    우리 아가씨는 잠을 자다가 깨어나서 아빠에게로 기어왔군요.
    아가씨는 아빠에게 계속 장난을 칩니다. 머리카락을 잡아당기고, 전화기로 아빠의 머리를 톡톡 치고, 아빠의 손가락을 깨물고, 아빠의 머리위로 기어올라갑니다. 참 재미있나 봐요.
    아가는 이빨이 겨우 두 개, 아직 말하는 법을 배우지 못했습니다. 그래서 아빠를 빤히 쳐다보며 마음으로만 말을 합니다.
    '아빠, 나, 심심해요. 나하고 놀아요.'
    아빠도 마음으로 대답합니다.
    '그래. 아빠도 그러고 싶지만.. 아빠는 기도해야 된단다.'

'아빠, 기도가 뭐야?'
'으응.. 기도는 예수님과 얘기하는 거야..'
'왜 아빠는 나하고 놀지 않고 예수님하고 놀아?'
'응.. 아빠는 죄가 많아서 회개를 해야 한단다. 그리고.. 도움이 필요한 사람이 많이 있단다.'
'아빠.. 죄는 뭐고, 회개는 뭐야? 도움이 뭐 하는 거야?'
아빠는 한숨을 쉽니다.
'아가야. 그런 게 있단다. 네가 이빨이 몇 개 더 생기고, 말하는 법을 배우면 그때 가서 가르쳐 줄게. 지금은 우유만 열심히 먹고, 열심히 자고, 열심히 기어다니기만 하면 돼..'

갑자기 조용해 졌습니다. 적막이 감돕니다. 쌔근거리는 우리 아가씨, 우유통을 물고 잠들어 있습니다.
'잘 자라. 우리 아가. 안녕.. 꿈속에서 예수님이 안아 주실 거야.'
오빠는 선교원에 가고 엄마는 교회에 갔습니다. 아가는 쌔근쌔근 잠들고, 아빠는 다시 기도합니다. 이제 모든 것이 조용하고 평온합니다.

덧붙임 : 이 평화는 오래가지 않았습니다. 아가는 곧 잠이 깨어서 분유통을 엎질러 버리고, 분유가루로 목욕을 했습니다.
주여, 저의 죄를 사하여 주옵소서. 자기가 하는 것을 알지 못함이니이다..

다시 덧붙임 : 이 아가는 이제 4학년이 됩니다. 그녀는 이제 기도에 대해서 많이 배웠습니다. 그녀의 기도는 눈물이 있고, 진지함이 있고, 통회가 있습니다.

그녀의 기도는 아빠를 자주 울게 합니다.

기도 - 그것은 진정 아름다운 것입니다.

또 덧붙임 : 어느덧 시간이 지나서 그녀가 중학교 3학년이 되었군요. 그녀는 이미 덩치가 엄마보다 커졌지만 여전히 아빠의 옆에 붙어서 아빠의 배를 어루만지면서 노는 것을 좋아하고 아빠에게 안겨서 자는 것을 좋아합니다.

기도는 이렇게 딸이 아빠의 품에서 평안과 행복을 느끼듯이 우리의 영혼이 사랑하는 주님의 품에서 사랑과 평안을 느끼고 즐기는 것입니다.

한 번 더 : 어느덧 이 아가는 대학교 3학년이군요.. 아직도 그녀는 아빠의 팔을 베고 잠자는 것과 주님의 품안에서 잠드는 것을 좋아합니다. 기도란.. 그렇게 주님의 품 안에서 잠드는 것입니다. 20011. 9.

25. 기도는 행복한 가정의 시작입니다

조용히 엎드려 기도를 합니다. 그 자세로 오래 기도를 하니까 무릎이 아픕니다. 그래서 무릎이 아프지 않도록 엉덩이를 치켜 듭니다. 그리고 보니 조금 우스운 모습이 되었습니다.
가만, 아이들이 이 모습을 발견했군요. 환성소리가 들립니다.
"와! 미끄럼틀이다!"
아빠의 몸은 평소에 어린이 놀이터입니다. 지금도 아이들은 노래합니다.
"아빠는 우리의 그네이고, 미끄럼이고, 바이킹이고, 말이며, 88열차이고, 목마이며.."
그런 아이들이 이 좋은 기회를 놓칠 리가 없지요. 아빠의 자세는 기도하는 자세이지만 애들이 볼 때는 미끄럼을 타기 좋은 자세입니다.
아이들이 달려옵니다. 한 놈씩 아빠 엉덩이로 올라갑니다. 그리고 머리로 미끄러져 내려옵니다. 아빠는 기도를 하고, 애들은 아빠의 등에서 미끄럼을 탑니다.
그런데 참 이상하군요. 기도에 별로 방해가 되는 것 같지 않습니다. 아마 예수님도 이 모습을 좋아하시는 모양입니다. 아이들이 좀더 자라면 가르쳐줘야 되겠죠.
'얘들아, 아빠가 기도할 때는 아빠의 등에서 미끄럼을 타지 말아라.' 라고 말입니다. 하지만 지금은 괜찮은 것 같군요. 아직은 아이들이 어리니까요.

아빠는 기도를 하고 아이들은 미끄럼을 탑니다. 그리고 우리 모두는 행복합니다.

덧붙임: 큰놈은 이제 6학년이 됩니다. 그러나 아직도 가끔가다 아빠를 올라타고 미끄럼을 탑니다. 하지만 이제 기도할 때는 타지 않습니다.

이놈의 기도는 감동적일 때도 있지만 대부분 웃음을 참기가 어렵습니다. 본인은 진지하게 기도하지만, 우리는 웃음이 납니다. 가족 기도회를 할 때 엄마는 가끔 화장실로 도망갑니다. 도저히 웃음을 참을 수 없기 때문입니다.

서투른 기도지만 아이들의 기도소리는 나를 몹시 행복하게 만듭니다.

기도는 곧 행복입니다. 기도는 행복한 가정의 시작입니다.

다시 덧붙임 : 아이들이 자라서 이제 큰놈은 고등학교 2학년이 되고 작은 아이는 중학교 3학년이 되었군요. 이제 그들은 아빠 위에 올라타지는 않습니다. 이제는 너무 무거워졌지요. 하지만 우리들은 여전히 행복합니다. 기도를 알며 같이 기도하는 가족은 언제나 영원히 행복할 수 있기 때문입니다. 2005. 5.

26. 기도는 그리스도를 얻는 것입니다

어떤 성자에게 사람들이 물었습니다.
"당신은 무엇을 위해서 기도하십니까?"
그는 대답했습니다.
"기도를 시작한지 처음 몇 달 동안 나는 나무의 열매를 한 개 두 개씩 땄었습니다. 그러나 아무리 따고 또 따도 그것은 끝이 없었습니다.
나는 지금 나무를 얻기 위해서 기도합니다. 나무를 소유하게 되면 모든 실과를 다 얻은 것이기 때문입니다."
나무는 그리스도입니다.
그리스도를 얻으면 우리는 모든 것을 얻은 것입니다.
사랑, 기쁨, 평안을 일일이 구하지 않더라도
주님이 오시고
그분을 소유하고
그분께 소유되면
우리는 모든 것을 이미 다 얻은 것입니다.
진정한 기도는 그리스도를 얻는 것이며
그를 구하는 자는 진정한 기도를 하고 있는 것입니다.

27. 기도는 완성입니다

당신이 참된 기도를 발견했다면, 참으로 주님을 발견했다면
당신은 아마 이렇게 고백할 것입니다.
"오, 주님. 바로 이것입니다.
제가 평생을 찾아 헤매었던 것이 바로 여기에 있습니다.
이곳이 나의 고향입니다.
이 기도의 자리가 나의 마침표입니다.
나는 이곳을 떠나지 않을 것입니다.
나는 모든 것을 얻었습니다.
다른 것이 더 이상 내게 필요하지 않습니다.
더 이상 저는 구할 것이 없습니다.
주님.. 저는 인생의 정상에, 목표에 서 있습니다.
모든 것을 다 이루었으며
또 영원히 계속 나아갈 길을 저는 찾았습니다.
오, 주님. 감사합니다.
저는 이것을 영원히 잊지 않을 것이며
영원히 잃어버리지 않을 것입니다.."

28. 기도는 영의 흐름입니다

기도에 있어서 영의 흐름을 경험하십시오.
기도의 언어는 아름다우나
그 영은 아름답지 않은 기도가 있습니다.
말은 다 맞는 말인데
속에서는 영과 감동이 흘러나오지 않는 기도가 있습니다.
입술은 회개하지만 심령에는 통회가 없습니다.
그러한 것은 진정한 기도가 아닙니다.

깊은 바다가 서로 부름같이 (시 42:7)
깊은 영이 흐르는 기도는 사람에게 감동을 주며
하는 자와 듣는 자의 속에서 공명을 일으킵니다.
이제 언어의 기도에서
영의 기도, 영의 흐름의 기도를 경험하십시오.
참된 기도에는
반드시 영의 흘러나옴이 있습니다.

29. 욕망을 버릴 때 기도가 가벼워집니다

　　기도의 날개를 펴고 높은 곳으로 날아가기를 원한다면 우리는 욕망의 덫을 끊어버려야 합니다. 많은 사람들이 좀더 기도의 높은 곳으로 올라가기를 원하지만 욕망의 덫에 걸려있어서 날아가지 못합니다.
　　욕망은 무거운 돌과 같이 날으려 하는 자를 방해합니다. 날개는 약하고 돌은 무거워 사람들은 날개를 퍼덕거릴 뿐 이 땅의 세계를 벗어나지 못하는 것입니다.
　　그들은 그들의 행복을 위하여 그러한 돌덩어리들이 매우 중요한 것이라고 생각합니다. 그러나 과연 그럴까요?
　　그들이 끌고 다니고 있는 많은 욕망과 근심들은 어둠의 세계로부터 온 것들입니다. 마귀는 사람들이 기쁨이 넘치는 깊은 기도의 세계에 들어가지 못하도록 사람들을 이 세상에 잡아두기 위해서, 그들을 계속 지배하기 위해서 계속적으로 세상적인 욕심과 아름다운 환상을 심어줍니다.

　　당신이 진정 기도의 높은 곳으로 날기 원한다면
　　당신은 당신의 날개 뿐 아니라
　　당신의 발도 점검해 보아야 합니다.
　　날개는 날 준비가 되어 있어도

발은 묶여있을 수가 있기 때문입니다.
당신은 무엇을 간절하게 구하고 있습니까?
그리고 그것은 진정 필요한 것인 지요.
그것은 과연 영원을 위하여 영원으로 가는 여정을 위하여
반드시 필요한 것인 지요.

욕망을 버리십시오.
이 세상을 사는 데는
그다지 많은 것이 필요하지 않습니다.
만일 우리가 자족하기를 배운다면,
만일 우리가 감사하기를 배울 수 있다면,
우리 소원의 숫자는 훨씬 더 줄어들 것입니다.
날마다 주님이 동행하심을 감사하며
날마다의 양식을 감사하십시오.
내일의 필요를 주님께 맡기며
그 분의 돌보심을 인하여 찬양하십시오.
당신의 짐은 줄어들고 당신의 발걸음은 가벼워집니다.
당신의 날개는 힘을 얻고 깊은 기도의 세계,
은총의 세계로 날아갈 수 있게 될 것입니다.
그리고 그 영광의 세계에서
당신은 한없는 자유를 맛보게 될 것입니다.

30. 기도할 때 주님은 가까이 계십니다

어느 교회의 새벽 기도회에 참석했습니다. 예배가 끝나고 개인기도 시간이 되었습니다.

사람들이 웅성거리며 기도를 합니다. 울부짖음, 거칠은 소리, 신음 소리, 여러 소음들이 일어납니다.

뭔가 짓눌리는 듯한 기분이 듭니다. 분위기가 무거운 느낌입니다. 사랑의 주님과 교통하고 있는 거룩하고 향기로운 분위기가 아니고 어둡고 침울해지는 산만하면서도 가라앉은 느낌입니다. 문득 주님께서 이렇게 말씀하시는 것이 느껴집니다.

'애야. 저들은 지금 내가 이렇게 가까이 있는 것을 모르고 있는 것 같구나. 그들을 돕기 위해서, 그들을 만나주기 위해서 내가 이렇게 가까이 있는 데 저들은 내가 아주 멀리 있다고 생각하고 있구나..'

아이가 엄마! 하고 부를 때 엄마는 가까이 옵니다. "왜 그러니, 아가야?" 하고 엄마는 아이에게 묻습니다.

우리는 어린 아이와 같고 주님은 어머니와도 같아 우리가 '주님!' 하고 부를 때 그 분은 우리 곁에 오십니다. 그리고 물으십니다. '왜 그러니, 아이야?' 라고 말입니다.

어떤 의학자가 실험 연구를 했습니다. 아이가 엄마를 부를 때 그 음성이 어떻게 엄마의 뇌에 자극을 주고 어떻게 신경 중추와 호르몬의 분비에 영향을 끼쳐 아이를 향해서 사랑의 감정이 일어나게 되었는지를 그들은 알게 되었습니다.

아이의 어머니에게 사랑의 감정을 입혀주신 그 분께서 우리가 그 분의 이름을 부를 때 동일한 마음을 느끼십니다. 우리를 향하여 사랑의 마음을 느끼십니다.

기도할 때에 이 사랑의 주님을 의식하십시오.
습관적으로 그 거룩한 이름을 부르지 말고
주님의 면전 앞에서 떨며 설레며
조용히 그 분의 임재를 생각하십시오.
조심스럽게 주의 이름을 부르며
주님의 반응을, 당신 속의 영혼의 반응을 살피십시오.
당신의 기도는 변화되며 당신의 마음은 달콤해지며
당신의 영혼은 신선함으로 가득 차게 될 것입니다.
기도할 때 주님은 가까이 계십니다.
이것을 실제로 경험할 때
당신은 새롭게 변화될 것입니다.

31. 기도는 대화입니다

　사람들은 기도를 하면서도 우리가 기도할 때 주님이 가까이 계시며 우리의 기도를 조용히 듣고 계신다는 사실을 잘 실감하지 못합니다. 주님은 아주 먼 곳에 계시며 우리는 혼자서 독백을 하고 있는 것이라고 생각합니다.
　그러나 우리는 믿음으로 인식해야 합니다.
　주님은 가까이 계십니다. 당신이 무릎을 꿇는 순간 그분은 아주 가까이 오십니다. 이 사실을 실제적으로 인식하게 되면 우리는 함부로 기도의 언어를 사용하지 않으며 조심하면서 다정하게 마치 친구에게 하듯이 주님께 우리의 이야기를 드릴 수 있게 될 것입니다.
　진정으로 경외하는 주님에게 다정하고 진실한 목소리로 친근하게 기도를 드리십시오.
　아주 가까운 친구와 대화를 하듯이 조심스럽게, 그러나 따뜻하게 당신의 마음을 조금씩 표현해 보십시오.
　조금씩 당신의 마음은 열리고 당신은 그분이 듣고 계신 것을 알게 됩니다. 또한 당신은 그분이 말씀하시는 것을 느낄 수 있습니다.
　주님은 우리를 인도하셔서 때로는 침묵하게 하시고, 때로는 고백하게 하시며 때로는 듣게 하십니다. 그러한 대화식 기도가 익숙해 질 때 당신은 언제 말해야 하는지, 언제 들어야 하는지, 언제 침묵해야 하는지, 어느 때는 그저 조용한 기다림이 필요한지 느낄 수 있게 될 것입니다.

지금 이 순간 주님께 다정하고 친근하게 말씀해 보십시오.
이런 식이라면 어떨까요?

"주님.. 어떻게 기도를 시작해야 할지.. 잘.. 모르겠군요. 하지만 주님.. 뭔가 좋은 기분이 드는군요. 제가 마음을 잘 열고 편안하게 이야기할 수 있도록.. 저를 도와주시겠습니까?

주님, 아시잖아요. 제가 말을 잘 못한다는 것을.. 그리고 아직 별로 마음을 열어본 적이 없다는 것을 요..

어떻게 말해야 할지.. 말해놓고 나면, 그것이 내 마음이 아니라는 생각이 들곤 해요.

저의 마음속에 사람들에게 거절되지 않을까.. 다른 이들이 저를 어떻게 생각할까.. 두려워하는 마음이 있는데.. 주님.. 당신은 저를 받아주시겠지요?

주님.. 이상하게 마음이 편해지는 군요.. 저는 이제 기도를 조금 할 수 있을 것 같기도 합니다. 저의 부족한 이야기를 들어주셔서 진심으로 고맙다는 말씀을 드리고 싶군요."

이런 식으로 당신의 마음을 친구에게 말하듯이 자연스럽게 주님께 토로해보십시오.

기도는 대화입니다. 그리고 대화가 깊어질수록 당신의 기도도 풍성하고 깊어지게 될 것입니다.

32. 기도는 날마다 새로운 것입니다

주님이 가까이 오시면 새롭고 놀라운 진리가 깨달아 지는 것이 아니라 너무나 쉬운 사실, 너무나 잘 알고 있었던 것들이 새롭고 엄청난 사실로 다가오게 됩니다.

그분이 나의 아버지시라는 것!
그분이 나의 주인이시라는 것!
그분이 나를 사랑하신다는 것!
그분이 나를 위해 죽으셨다는 것!
그분이 내 삶을 계획하고 계시며
내 인생을 돌보아 주시기 때문에
아무것도 염려할 필요가 없다는 것!

그것은 단순한 사실이지만 우리에게 감동과 충격을 줍니다.
이미 너무나 많이 들었고 알고 있는 이야기지만
마치 처음 들은 것처럼 생생하게 신선하게 다가오게 됩니다.
그래서 기도는 날마다 새로우며
날마다 우리에게 새로운 힘을 주는 것입니다.

33. 예수 이름의 기도가 능력이 있습니다

생각이 복잡할 때 예수 이름을 부르십시오.
단순하게 기도하십시오.
누구든지 주의 이름을 부르는 자는 구원을 얻습니다.
(롬 10:13)
이 구원이 이 순간의 당신에게는 생각의 해방입니다.

계속 부르십시오. 간절하게...
예수. 예수. 예수. 예수..
주여. 주여. 주여. 주여..
돋보기가 태양 빛을 한 점으로 모아 종이를 태우듯이
당신의 마음이 주님께 단순하게 집중될 때
놀라운 주의 은총과 자비가 당신을 사로잡게 될 것입니다.

34. 기도는 부족감을 채워줍니다

백화점, 쇼핑센터에는 왜 그렇게 사람들이 많을까요? 백화점 세일을 할 때에는 왜 근처의 교통이 마비될까요? 왜 저마다 더 많이 가지고 싶어서 안달을 할까요? 별로 필요하지도 않은 것들, 비싼 것들을 사기 위해서 왜 사람들은 목을 맬까요?

열심히 사고 나서 아파트 베란다에 쌓아놓는, 집집마다 버려진 수많은 물건들.. 그것은 무슨 이유일까요?

사람들은 TV를 보며 광고를 보며 결단합니다.

오.. 나는 저것을 가질 거야. 오.. 나는 저것이 필요해. 저것이 있어야 나는 행복할 수 있어.

그러나 시간이 지나보십시오. 그것이 진정 필요한 것이든가요? 그것이 과연 만족을 주었던 가요?

사람들의 소유욕은 영혼 속의 결핍감 때문입니다. 그들은 사고, 사고, 또 사지만 결코 만족할 수가 없습니다.

그것은 그들 영혼의 부족감 때문입니다. 아무리 사고 사도 그들은 항상 부족감을 느낄 것입니다.

나는 어떤 아주머니를 압니다. 그녀는 빚이 많습니다. 여기저기서 빚을 갚으라고 아우성입니다. 그녀는 빌고 빌면서 간신히 위기를 넘겨갑니다. 그러나 돈이 생기면 그녀는 다시 여러 가지를 삽니다. 필요하지 않은 것들을 사고, 돈이 없으면 외상으로 삽니다.

나는 그 여인의 결핍감을 압니다. 그녀는 자기도 모르게 살 수 밖에 없다는 것을.. 나는 알고 있습니다.

오늘도 그녀는 걸려오는 전화를 받지 않을 것입니다. 빚을 독촉하는 전화를 피하고 사람을 피해서 그녀는 불안한 마음으로 도망다닐 것입니다.

사람들은 부족감을 채우기 위해 열심히 뛰고 물건을 사고 물건을 살 수 있도록 열심히 뛰고 돈을 벌지만, 더 많이 얻기 위해 열심히 출세를 하지만.. 그들은 항상 부족하고 또 부족합니다.

당신이 무릎을 꿇을 때 이 결핍감은 사라집니다. 당신이 기도를 드릴 때 이 부족의 영은 떠나가 버립니다. 그리고 고백하게 됩니다.

"오. 주님! 이 만족, 이 행복.. 정말 저는 만족합니다. 주님 저는 너무 가득합니다. 저는 이제 아무것도 필요치 않습니다." 하고 말입니다.

주의 영이 오시면 그분은 만족감을 일으키십니다. 그분을 경험한 사람은 다시는 주리지 않습니다.

가난해도 그는 만족할 것입니다. 사랑하는 사람이 떠나가도 그는 만족할 것입니다. 반 지하의 단칸 셋방에 살아도 그는 만족할 것입니다. 대형 아파트에 살면서 결핍의 영에 시달리는 사람보다 그는 훨씬 더 행복할 것입니다. 많은 가족과 친구 속에서 고독한 사람들보다 혼자 있는 그는 더 만족을 느낄 것입니다.
'그 나이에 집도 없어?' 사람들이 비웃어도 그는 행복합니다.
'그 나이에 이루어 놓은 것이 뭐가 있어?' 사람들이 비아냥거려도 그는 행복합니다.
사탄은 속삭입니다.
'네가 진정 만족하려면 많은 것을 소유해야 해. 집이 있어야 해. 차도 있어야 해. 이것도. 저것도. 너는 계속 소유해야 해..'
사탄은 그런 식으로 욕망을 불어넣으며 그의 음성을 듣는 자들을 계속 바쁘고 쫓기고 불안하게 만들어 놓습니다.
행복하기 위하여 소유하려고 애쓰고 행복을 위하여 집에 매달리고 쇼핑에 매달리고 별미를 맛보려고 애쓰고 분위기를 즐기려고 애쓰고 건강을 위하여 몸부림을 치는 그들의 모습은 결코 행복한 모습이 아닙니다.

주님을 소유한 자, 기도를 소유한 자, 그들은 행복합니다. 다른 것들이 없어도 그들은 만족합니다.
그들은 주님을 얻었고, 다른 이들은 세상을 얻었습니다. 그들은 천국을 얻었고, 다른 이들은 보이는 것을 얻었습니다.
다른 이들은 썩어질 것을 가졌으나 그들은 영원한 것을 가졌습니다.
주 예수님, 그분은 만족을 주시는 분입니다.
그분 안에 거하는 자는 아무것도 부족한 것이 없습니다.
부족의 영이 사라졌으니 그는 결코 부족할 수 없습니다.

그 영혼에 충만감이 넘치니 그는 이제 만족으로 가득합니다.
그의 영혼은 만족되고 행복하여 지금 이 곳에서도
그리고 영원한 곳에서도 한없는 기쁨과 천국을 누리게 되는
것입니다.

35. 기도는 믿음을 일으킵니다

　기도하기 전에 우리들은 많은 염려와 근심에 잠깁니다. 아무 것도 할 수 없을 것 같은 마음이 들지요.
　내가 과연 할 수 있을까. 아무리 생각해도 막막할 때가 있습니다. 저 사람이 전도한다고 믿을까? 아무래도 안 믿을 것 같아요. 내가 이일을 잘 할 수 있을까? 아무래도 실패할 것 같아요. 그래서 기도로 주님께 나아갑니다.
　기도하면서 무릎을 꿇습니다. 주님께 엎드립니다. 한참동안 주님의 앞에 있습니다. 그리고 일어납니다.
　그런데 이제, 뭔가 다른 느낌이 듭니다.
　왠지 잘 될 것 같아요. 할 수 있을 것 같아요. 그까짓 것! 하는 마음이 생기네요. 내가 왜 이런 걸 가지고 염려했지? 하는 마음이 드는군요.
　할 수 없다는 생각은 사라지고 할 수 있다는 마음이 옵니다. 이상하게 낙관적인 생각이 떠오르기 시작하지요. 기도하기 전에는 믿음이 없었는데, 이제는 믿음이 막 생깁니다.
　하나님이 세상을 창조하셨지요. 그리고 지금도 돌리고 있지요. 나도 지금 주님의 손에서 도는 군요. 그럼 별로 신경쓸 것이 없네요. 우리는 즐거운 마음으로 기도의 자리에서 일어섭니다.
　그 마음이 오래갈까요? 물론 그럴 수도 있겠지만, 사실 별로 오래가지는 않을 것입니다. 마귀는 놀고 먹으면서 월급 받는 자들이 아니니까요.

하지만 걱정할 것은 없습니다. 그때는 다시 한번 무릎을 꿇으면 되고 그러면 또 다시 주님이 힘을 주시겠죠. 어쨌든 지금은 기분이 좋아졌으니 지금은 그것으로 충분한 겁니다.

오늘 우리를 사랑하시는 주님은 내일도 사랑하실 터이니 우리의 모든 염려는 주께 맡기고 휘파람만 불면 되는 거지요.

기도는 자신감을 일으킵니다.
기도는 믿음을 일으킵니다.
계속 기도할 수 있다면
우리는 계속 믿음을 소유할 수 있으며
계속적으로 우리의 삶에서 승리할 수 있게 될 것입니다.

36. 기도는 마음을 비우는 것입니다

　사람들은 마음을 잠시도 내버려두지 않습니다. 잠시도 마음을 비우지 못합니다. 가만히 있으면 심심해서 견디지 못합니다.
　그래서 마음속으로, 생각 속으로 온갖 것들을 집어넣습니다.
　할 일이 없으면 TV를 보고 습관적으로 신문, 잡지를 봅니다.
　은행에서 기다릴 때에도 뭔가를 보고 있어야 합니다.
　그들은 계속 쓰레기를 집어넣으며 그것이 자기 안에 계신 주님께, 영혼에게 무례한 행동이라고 생각하지 않습니다.
　사람들이 기다리는 곳에서는 으레 그러한 잡지나 만화가 꽂혀 있는 것을 접대라고 생각합니다. 그러나 그러한 쓰레기들이 얼마나 영혼을 피곤하게 하고, 답답하게 하는지를 알게 된다면 그렇게 함부로 마음속에 이것 저것을 집어넣지 않을 것입니다.
　마음을 비우십시오.
　영혼을 그냥 그대로 내버려두십시오.
　바깥 것들을 쓸데없이 안으로 집어넣지 말고
　당신의 안에 무엇이 있는지 살피고
　그 내면이 밖으로 흘러나오게 하십시오.
　영혼의 이야기를 들으십시오.
　영혼이 이야기할 수 있도록
　당신의 의식을 잔잔하게 하십시오.

마음을 비우고
당신의 관심을
바깥을 향하는 것으로부터
안을 향하는 것으로 바꾸십시오.
기도는 마음을 비우고
자신의 내면을 들여다보는 것입니다.
그러므로 마음을 편안하게 비워놓는 것,
그것은 기도의 세계로 들어가는 문이며
아름답고 풍성한 내면세계의 시작인 것입니다.

37. 고통은 기도를 아름답게 만듭니다

예배를 인도하고 있는데 처음 보는 중년의 커플이 들어옵니다. 첫인상이 아주 점잖고 세련된 정장차림의 50대 중반의 성도님들입니다. 그들은 어린 손녀아이의 손을 잡고 조용히 자리를 잡습니다.

그들은 앉자마자 울기 시작합니다. 찬송을 인도해도 울고, 기도를 해도 웁니다.

예배가 끝난 후에 그들이 묻습니다.

"목사님, 여기 찬양은 틀리네요. 왜 자꾸 눈물이 날까요.
제 딸도 복음송 가수이고 찬양 테이프를 냈는데,
목사님이 찬양을 하시면 눈물을 주체할 수가 없네요."

나는 가만히 웃었습니다. 칭찬이란 언제나 쑥스러운 것이니까요. 아내는 가끔 말합니다.

"여보.. 당신이 기도하고, 찬양하면 가슴이 찡해요. 눈물이 나요.."

왜 그럴까요. 나는 생각합니다.

나는 기도하거나 찬양을 할 때 눈물을 흘릴 때가 많이 있습니다. 감정이란 흐르는 것이니 아마 그러한 감정은 흐르고 전달이 될 것입니다. 또한 기도인도자와 찬양 인도자의 경험들, 고통의 경험들은 그의 영혼을 열며 내면의 깊은 세계를 경험하게 합니다. 그러므로 고통을 경험할수록, 슬픔을 경험할수록, 좌절을 경험할수록, 버림받음을 경험할수록, 배반을 경험할수록, 가슴의 찢어짐을 경험할수록, 기도와 찬양은 깊은 곳으로 갑니다.

말로 표현하기 어려운 심령의 찢김은 기도를 깊은 곳으로 가져다줍니다. 그러한 기도와 찬양은 웅변이 아니고 테크닉도 아니며 음악성도 아니며 오직 주를 향한 영혼의 애절한 울부짖음이며 열망이며 사모함입니다.

나는 기도를 하며 찬양을 드리며 너무 행복해서 웁니다. 주님이 너무 좋아서 웁니다. 그 분께 기도를 드리고 그 분께 찬송을 올리면 영혼 깊은 곳에서 기쁨과 감사와 감격과 행복감이 솟구쳐 올라와서 웁니다. 그냥 너무 너무 행복해서 이해할 수 없는 그 분의 사랑에 기가 막혀서 울 수밖에 없기 때문입니다.

사람이 즐거우면 웃지만, 너무 행복하면 웁니다.

10년 만에 전쟁에서 죽은 줄 알았던 아들이 살아서 돌아오면 어머니는 깔깔 웃지 않고 아들을 부둥켜안고 웁니다. 몇 십 년 만에 이산가족이 만나면 그들은 웃지 않고 서로 붙들고 웁니다.

고통은 기도를 낳고
기도는 눈물을 일으키며
눈물은 치유이고 행복입니다.
눈물 속에 기쁨이 있고
고통 속에 천국이 있습니다.
더 주님을 깊이 알아갈 수만 있다면
더 깊은 찬양과 기도를 드릴 수만 있다면

고통과 찢김은 얼마나 황홀하고 아름다운 것이겠습니까.
고통을 두려워하지 마십시오.
고통은 우리와 친구입니다.
고통은 기도를 아름답게 만듭니다.
잘 소화할 수만 있다면
고통은 행복이며
우리의 기도를 깊고 아름답게 만들어주는 것입니다.

38. 내적 기도가 주님의 음성을 듣습니다

　큰 교회의 사모님이 고속버스를 탔습니다. 사모님의 옆자리에는 초라한 행색의 아주머니가 타고 있었습니다. 고속도로에 진입했는데 이 아주머니가 방언기도를 시작합니다.
　"달달달달.. 돌돌돌돌.."
　사모님을 기분이 상했습니다.
　'여기가 교회냐? 별나게도 믿는군.'
　물론 속으로 말했지요.
　그 아주머니가 일어섭니다. 버스는 달리고 있는데 통로로 나갑니다. 그녀는 맨 앞자리에 가더니 운전기사에게 말합니다.
　"저, 내릴 거에요. 내려주세요."
　그녀는 야단을 맞습니다.
　"아줌마, 이게 동네버스인줄 알아요?"
　그녀는 할 수 없이 제자리로 돌아옵니다.
　사모님은 기분이 더 상합니다.
　'예수 망신을 혼자 다 시키는군.'
　아주머니는 계속 기도합니다.
　"따따따따.. 또또또또.."
　그러더니 그녀는 다시 나갑니다.
　이번에는 좀더 큰 소리로 야단을 맞습니다.

그녀는 다시 돌아옵니다.
이제 그녀의 기도소리는 더 커졌습니다.
"아르비라.. 사르비라.."
그녀는 이제 짐을 들고 나갑니다. 안 내려주면 창문으로 뛰어 내리겠다고 말합니다. 기가 막힌 기사님은 한참을 투덜거리며 갓길에 차를 세우고 그녀를 내려 줍니다. 그리고 나서 불과 몇 분이 지난 후, 차는 미끄러져 언덕을 구릅니다.
사람들이 많이 다쳤습니다. 사모님도 조금 다쳤습니다. 그러나 사모님은 몸보다, 마음을 더 다쳤습니다.
그녀는 울면서 기도했습니다.
"주님, 제가 사모예요. 그런데 누구한테는 알려주시고, 왜 저한테는 알려주지 않으세요. 정말 억울합니다."
주님은 말씀하십니다.
"사랑하는 딸아, 나는 사람을 차별하지 않는다. 나는 모두에게 말한다. 그리고 네게도 말했다. 그러나 네가 나의 음성을 듣지 않았을 뿐이다. 네 마음이 나를 향하고 있지 않았을 뿐이다."

주님의 음성을 듣기 위하여
우리는 우리의 마음을 내부로 돌려야 합니다.
당신의 시선이 외부에 치우치지 않게 하십시오.
바깥의 환경에 너무 민감하지 마십시오.
거기에는 주님의 음성과 임재가 없습니다.
미숙한 영혼일수록 그 마음이 바깥일에 매여 있습니다.

거기에는 소란함과 분주함, 근심과 염려만이 가득합니다.
당신의 관심을 내부로 돌리십시오.
당신의 겉사람은 밖에서 활동해도
당신의 의식은 항상 내면의 소리에 안테나를 세우십시오.

기도는 당신을 내면의 세계로 인도해 줍니다.
그리고 내적인 귀를 열어줍니다.
기도- 그것은 주님의 음성을 듣는 것입니다.
내적 기도에 익숙해질 때
당신은 수시로 주님의 음성과 감동을
느낄 수 있게 될 것입니다.

39. 기도만이 참된 행복을 줍니다

기도 없는 행복은 행복이 아닙니다.
기도 없는 복권 당첨, 기도 없는 증권 수익, 기도 없는 멋진 결혼, 기도 없는 황홀한 데이트, 그것은 모두 모래성에 불과합니다. 그러한 것들은 모두 사람을 멸망의 문턱으로 인도하는 것입니다.
사람들은 모두 기도 없이 이루어지는 행복을 사모하지만 기도 없는 행복만큼, 기도 없는 성공만큼 무서운 것은 없습니다.
모든 참된 행복과 성공은 자신의 기도이든 그를 위한 타인의 중보이든 기도의 대가 없이는 이루어지지 않습니다.
당신이 기도하지 않았는데 행복하다면 당신은 조심해야 합니다. 당신을 위해 기도하는 사람이 없는 데도 불구하고 당신의 모든 환경이 잘 풀리는 듯이 보인다면 당신은 경계심을 늦추지 말아야 합니다. 왜냐하면 기도 없는 행복은 마귀의 작품이며 마귀가 주는 즐거움에는 공짜가 있기 때문입니다.
성도가 무릎꿇을 때 그는 모든 것을 얻은 것입니다. 성도가 무릎꿇을 때 그는 이미 승리자입니다.
그는 성공자입니다. 그는 가난해도 행복하고 부유해도 행복합니다. 무릎을 꿇을 때 그는 실패해도 행복하고 성공해도 행복합니다.

그는 배고파도 행복하고 배가 불러도 행복합니다.

그는 사랑 받아도 행복하고 미움받아도 행복합니다.

그의 기도가 응답이 되어도 행복하고 응답이 되지 않았을 지라도 그는 행복합니다. 그의 기도가 이미 행복의 주인되시는 주님을 향하고 있기 때문입니다.

세상 사람들의 행복은 모두 바깥에서 오지만 기도자의 행복은 그의 내부에서 나옵니다.

사람들은 바깥 세계에서 이탈되지 않으려고, 경쟁에서 뒤떨어지지 않으려고 안간힘을 쓰지만 기도하는 사람은 내면을 지키기 위해 애를 씁니다.

내부에서 진정한 것을 발견할 때 그는 외부의 문제들을 극복할 수 있습니다. 어떠한 어려움도 그를 넘어뜨리지 못합니다.

기도는 진정한 행복입니다.

당신이 무릎을 꿇을 때
당신은 이미 모든 것을 얻은 것입니다.
당신은 더 이상 얻을 것이 없습니다.
당신은 이미 모든 것을 얻은 성공자이며
당신이 내면에서 얻은 그 행복은
결코 그 아무도 빼앗을 수 없을 것입니다.

40. 무능함의 발견이 기도를 간절하게 합니다

교만한 사람은 기도하지 않습니다. 재능이 뛰어난 사람은 기도하기 어렵습니다. 설교를 잘하는 사람도 설교 전에 기도하기 어렵습니다.

겁이 없는 사람도 웬만해서는 기도하지 않습니다. 그리고 그것을 자랑으로 여깁니다. 무능하고 부족하고 겁이 많고 어쩔 줄 모르는 사람만이 기도의 무릎을 꿇을 수 있습니다.

사실 사람은 모두 무능합니다. 사람은 혼자 아무 것도 할 수 없습니다. 가르치는 사람이 천 마디를 해도 주님이 역사하지 않으면 듣는 사람은 깨닫지 못합니다.

외치는 사람이 아무리 뜨거워도 주님께서 역사하지 않으시면 듣는 사람은 마음이 열리지 않습니다. 그러나 주님께서 한번만 임하시면 사람은 깨우침을 얻고 회개의 영을 얻습니다.

모두가 무능합니다. 무능하지 않은 사람은 아무도 없습니다. 그러나 주님의 은혜를 얻어 깨우침을 받은 사람만이 자기의 무능을 압니다. 그리고 자기의 무능을 깨달은 자 만이 간절한 마음으로 주님께 기도할 수 있습니다.

"오, 주님. 당신이 오셔야 합니다.
당신이 임하시지 않으면 나는 끝장입니다.

제발 오서서 저를 도와주십시오.
주님이 오시지 않으면 나는 죽습니다.
당신이 오지 않으면 나의 설교도 나의 지혜도 나의 모든 애씀도 다 부질없는 것입니다.."
영혼이 열린 이들은 항상 그렇게 기도합니다. 깨달으면 깨달을수록 그는 기도하지 않으면, 주님을 의지하지 않으면 견딜 수가 없게 되는 것입니다.

강한 자는 자기를 의지하고
약한 자는 기도를 의지합니다.
그러므로 주님께서는
연약하고 부족한 자를
사랑하시고 함께 해 주십니다.
자기 무능의 깨달음..
그것이 기도를 간절하게 합니다.
그리하여 무능한 자들이
오히려 더 강하고 지혜로운 자가
될 수 있는 것입니다.

41. 기도는 참된 교육입니다

어떤 분이 말합니다.
"돈이 없어서, 자식을 제대로 가르칠 수가 없어요."
글쎄요. 돈으로 자식을 가르치나요? 어느 정도는 그렇겠지요. 하지만 그것은 일부에 불과합니다.

돈으로 장난감을 사주고, 돈으로 책을 사다주고, 돈으로 학원에 보내고, 돈으로 유학을 보내고, 돈으로 아이가 원하는 것을 해주고.. 그렇게 하면 무능한 부모라는 소리는 듣지 않겠지요.

그러나 돈으로 할 수 있는 모든 것을 다해준다고 해서 그것이 온전한 교육일까요?

"다윗의 아들 아도니야가 스스로 높여서 이르기를 내가 왕이 되리라. 저는 체용이 심히 준수한 자라. 그 부친이 네가 어찌하여 그리하였느냐하는 말로 한 번도 저를 섭섭하게 한 일이 없었더라." (왕상 1:5,6)

다윗은 아무것도 부족함이 없도록 애지중지 아도니야를 키웠지요. 왕의 자식이니 필요한 모든 것을 아낌없이 해주었을 것이고 아주 잘생긴 아들이니 특히 더 애정을 주었지요.

하지만 그 결과는 어떻게 되었을까요. 그는 잘못된 욕망을 품었고 그 결과 비참한 죽음을 당하게 되었지요.

자식은 돈으로 키우는 것이 아닙니다.

자식은 기도로 키웁니다. 자식을 위하여 기도하고 자식에게 기도를 가르쳐야 합니다. 회개를 가르치고 눈물을 가르치며 죄를 미워하고 감사할 것과 겸손할 것을 가르쳐야 합니다. 자신의 힘과 지혜를 의뢰하지 않으며 기도로 주님의 도우심을 구하도록 가르쳐야 합니다.

돈이 없어서 자식을 제대로 키울 수 없다고 생각하지 마십시오. 오직 기도로 자식을 키우며 자녀의 필요를 기도로 주님께 아뢰며 기도로, 눈물로 자녀를 주님의 손에 맡기십시오.

부유한 자는 자식을 망칠 수 있어도 기도하는 부모는 결코 자녀를 망치지 않을 것입니다.

기도함으로 아이를 주님께 맡기십시오. 그러면 주님께서 아이를 직접 교육하실 것입니다. 그러므로 기도는 참된 교육이며 자녀를 온전한 길로 인도하는 아름다운 비결이 되는 것입니다.

42. 기도는 영적 전쟁입니다

전에 우리 집은 상가건물 2층에 있었습니다. 아래층에는 사무실이 있습니다. 그런데 이 아래층 사무실에 점을 치는 무당이 들어왔습니다. 주인에게 항의해 보았지만, 소용이 없었습니다. 건물이 주인의 소유이니 어쩔 수 없는 일이지요.

아래층으로 이사 오는 날, 어떤 영적 에너지가 아래층에서 올라오기 시작합니다. 불쾌하지만 할 수 없습니다. 영적 전쟁이 시작된 것입니다.

그들은 상을 차리고 그 위에 돼지머리, 제단, 촛대 등 여러 묘한 형상들을 진열해 놓고 징을 치면서 염불을 욉니다. 어떤 스님을 초청해 온 것 같습니다.

나는 이층에서 그 에너지를 느낍니다. 아내는 느끼지 못하지만 나는 그 악한 에너지를 통한 고통을 느낍니다.

혼미한 영들이 옵니다. 머리가 어지럽습니다. 좀 더 있자니, 머리가 깨지는 듯이 아픕니다. 구역질이 올라오기 시작합니다. 악한 영들의 움직임과 기운은 관념이 아니고 실제입니다.

이런 전쟁은 피곤한 일이기는 하지만 그렇다고 두려워할 것은 없습니다. 주를 믿는 사람에게는 모든 악한 영들을 물리칠 수 있는 권세가 주어져 있기 때문입니다.

나는 조용히 기도하고 찬양을 드립니다. 그리고 악한 영들의 세력을 대적합니다. 그러자 아래층에서 올라오는 에너지는 멈칫 합니다. 그리고 향기로운 에너지가 아래층으로 내려갑니다.

잠시 후에 다시 악한 에너지가 올라옵니다. 악한 영들이 정신을 잃었다가 다시 회복하고 공격을 하고 있는 모양입니다.

나는 다시 기도와 찬양을 합니다. 그러자 악한 기운은 올라오는 힘을 잃고 다시 부드러운 에너지가 아래로 향합니다.

이것이 여러 번 반복됩니다. 시간이 흐르면서 나는 악한 에너지와 그 영의 기운이 점점 힘을 잃어 가는 것을 느낍니다.

얼마 후에 징 소리는 끝났습니다. 그리고 며칠 후에 아래층은 셔터가 내려집니다. 그리고는 계속 비워져 있습니다. 비워놓아도 월세는 내야하는데 그들은 계속 보이지 않더니 결국 사라졌습니다.

기도는 영적 세계와 교류하는 것입니다. 영적 세계는 주님과 천사만 있는 것이 아니고 악령들도 존재하며 그들은 우리의 기도를 방해하기도 하고 우리를 공격하기도 합니다. 그러므로 기도에는 영적 전쟁이 있는 것입니다.

실제적인 삶의 많은 부분이 이 영적인 전쟁과 관련되어 있습니다. 인생의 많은 부분이 영적인 영역에서 결정되며 사람들은 잘 인식하지 못하지만 많은 부분에서 악령들의 공격으로 인하여 재앙과 고통을 경험하곤 합니다.

영적으로 어리고 영적 감각이 둔할 때 그리스도인들은 어두운 영들의 정체와 공격에 대해서 무지하며 감지하지 못하기 때문에 많은 억압과 눌림 속에 있습니다. 그러나 기도에 대해서 배워가고 경험하며 영적 감각이 살아나기 시작할수록 그리스도인들은 영의 전쟁을 인식하게 되며 기도의 능력과 승리의 기쁨을 알아가게 됩니다.

기도는 영적 전쟁입니다.

기도에는 영적 전쟁이 있습니다.

영이 열려갈수록 기도가 발전할수록 우리는 이 전쟁에서 승리하게 됩니다. 그리하여 풍성한 삶을 살아가게 될 것입니다.

43. 기도도 가짜가 있습니다

　무당이 이사를 가고 난 후 같은 사무실에 어떤 철학관을 하는 청년이 이사를 와서 철학관을 차립니다. 말이 철학이지 사람들에게 점을 쳐주는 것입니다. 별로 기분은 좋지 않지만 우리가 사정이 생겨서 이사하게 되었으므로 우리는 주인에게 항의하지는 않았습니다.
　그도 무엇인가 염불을 외웁니다. 새벽 2시에 일어나서 염불을 외웁니다. 그들의 열심은 그리스도인들이 본받아야 할 것입니다. 나는 그의 염불을 조용히 들어보았습니다. 그리고 웃음이 나왔습니다. 그의 염불에는 능력이 없었습니다. 철학관을 하든, 무당을 하든 신을 받은 사람이 있고 이론만 가지고 있는 사람도 있습니다. 무당을 양성하는 학원도 있다고 합니다. 속성 3개월 코스도 있다고 합니다. 물론 그런 것은 다 엉터리입니다. 귀신의 영을 받지 않으면 이론을 열심히 연구하고 배워도 능력이 나오지 않습니다.
　흔히 말하기를 '귀신같이 맞춘다'는 사람이 있습니다. 그러한 이들은 귀신을 받은 사람입니다. 그러나 귀신의 영을 받지 않은 사람들은 잘 맞추지 못합니다. 그래서 그런 것을 추구하는 사람들은 귀신을 받으려고 산 속에서 염불을 하며 영하의 추위 속에서도 물속에 들어가 고생을 하는 것입니다.

점을 치러 가는 사람은 자기의 영혼을 귀신에게 맡기는 사람입니다. 무당이 점을 치러오는 사람의 사정을 아는 것은 무당의 속의 귀신이 점을 치러는 사람의 영혼을 터치하기 때문입니다. 그러니 귀신의 터치를 받은 사람에게 복이 아니라 재앙이 오는 것은 당연한 것입니다.

나는 아래층 남자의 염불을 들으며 안심이 되었습니다. 그는 귀신을 받지 못했으며 귀신의 능력을 가지고 있지 않습니다. 그러므로 그는 사람들에게 악한 기운을 나누어주지 못할 것입니다. 다행입니다. 그는 별로 사람을 해롭게 하지 못할 것입니다. 물론 길흉을 묻는 그 자체가 죄이며 영혼을 망치는 행위이지만 귀신의 영을 받지 않은 무당은 타인의 영혼을 직접적으로 짓누르지 못합니다.

무당도 귀신을 받은 무당과 이론 뿐의 무당이 있듯이 신자도 그렇습니다. 주의 영을 충만하게 받은 사람이 있고 이론만을 가지고 있는 사람이 있습니다.

이와 같이 기도에도 가짜가 있습니다. 능력이 없는 기도가 있습니다. 말은 있으나 영이 흐르지 않는 기도가 있습니다. 화려한 언변은 있으나 영적인 힘이 없는 기도가 있습니다. 아직 그는 기도의 영을 받지 못한 것이며 주님의 영으로 사로잡히지 않은 것입니다.

진정한 기도의 권능을 사모하십시오. 당신의 기도가 성령의 능력에 사로잡히게 하십시오. 사모하고 추구할 때 당신의 기도는 충만하며 실제적인 기도가 될 수 있을 것입니다.

44. 기도의 실제를 경험하십시오

사람들은 흔히 어떤 개념을 이해하면 그것을 안다고 생각합니다. 어떤 책을 몇 권 읽고 감명을 받으면 그것이 내 것이라고 생각합니다. 그래서 자신이 그것을 체험해보지도 않고 자신의 실제의 삶에 나타나지도 않았음에도 불구하고 자신이 배운 것을 가르치려 하거나 자기가 얻는 이론적인 지식으로 남을 비판하기도 합니다.

그러나 그러한 이해는 실상이 아닙니다. 그의 깨달음은 오래가지 않습니다. 그는 자신이 그것을 다 깨달았다고 생각하지만 그가 다른 개념과 접촉하게 되면 그는 다시 새로운 개념에 빠지게 되며 자신이 전에 주장했던 것들을 비판할 것입니다. 실제가 되지 않은 이해는 언제나 반대 방향으로 바뀔 수 있습니다.

이해와 실제는 같은 것이 아닙니다. 기도에 대한 책을 몇 권 읽었다고 기도를 아는 것은 아닙니다. 전도에 대한 책을 몇 권 읽었다고 전도를 아는 것은 아닙니다. 제자 훈련을 받았다고 모두가 주님의 제자가 되는 것은 아닙니다.

사랑에 대하여 논문을 썼다고 해서 그가 반드시 사랑의 사람이라고 할 수는 없으며 기쁨에 대해서 이야기하는 것과 실제로 기쁨을 경험하는 것은 다른 것입니다.

신앙은 실제가 되어야 합니다. 단순히 개념의 이해로 만족해서는 안 됩니다. 기도의 세계는 특히 그렇습니다. 그것은 실제로 맛보아야 하는 것입니다.

주님과 피상적인 관계를 가지고 있는 사람들이 자신의 믿음에 자신을 가지고 다른 이들을 가르치며 다른 이들의 신앙 없음을 비판하는 것도 이 개념과 실상의 차이를 모르기 때문입니다.

이해는 실제의 시작입니다. 아무런 이해와 진리의 경험 없이 체험만 강조하는 것은 잘못입니다. 처음에는 머리의 이해로 시작됩니다. 그 다음에 그것은 심령으로 경험되어져야 합니다. 그것이 바로 여호와의 선하심을 맛보아 아는 것입니다. (시34:8)

그리고 심령으로 경험된 것은 행동으로 나타나야 하며 삶과 인격으로 열매를 맺어야 합니다. 이것이 온전한 구원의 과정이며 말씀과 기도와 은혜를 실제적으로 경험하는 과정입니다.

그러므로 어떤 것을 조금 이해했다 하더라도 그것이 자신의 삶 속에서 실제로 경험되어지고 열매로 나타나지 않았다면 그것은 아직 자기의 것이 아닙니다.

그러한 이들은 아직 자신의 깨달음과 이해를 다른 이들에게 가르쳐서는 안 됩니다. 거기에는 아직 열매가 없기 때문입니다. 아무도 자신의 삶 속에서 실제가 되지 않은 것을 다른 사람들에게 먹일 수는 없습니다.

자신을 영적이라고 생각하는 사람은 많지만 실제로 자신의 인격과 삶 속에서 주님의 능력과 임재가 흘러나오는 사람은 많지 않습니다. 많은 사역자들이 개념은 많으나 이 영적인 실제가 부족하기 때문에 자기의 삶도 변화되지 않고 타인의 삶도 변화시키지 못하는 것입니다.

어떤 이는 이해는 있으나 심령의 체험이 없어 마음이 차갑습니다. 그는 길은 알지만 가지 않습니다. 그가 이해하고 있는 것을 진정 소원하지 않기 때문입니다.

어떤 이는 체험은 많으나 진리에 대한 이해가 부족하여 그 영혼이 어두운 곳에서 방황합니다. 그는 어디로 갈지 갈 바를 모릅니다.

어떤 이는 행동 에너지는 많으나 이해와 내적 경험이 부족하여 충동적으로 움직이며 진리가 아닌 것에 빠지기도 합니다. 그러므로 어느 한 쪽에 치우쳐서는 안 되며 이해, 체험, 열매는 서로 조화되어 온전히 이루어져야 하는 것입니다.

기도의 경우에도 마찬가지입니다. 먼저 기도의 원리를 이해해야 합니다. 바르게 배워야 합니다.

그 다음에 기도의 맛과 감동을 경험해야 합니다. 기도의 맛을 경험하지 못하면 아무도 기도를 즐길 수 없으며 기도의 깊은 세계에 들어갈 수 없습니다.

그것은 말씀의 경우에도 마찬가지입니다. 먼저 말씀을 이해해야 하며 그 다음에 그것을 경험해야 하며 그 진리와 경험들이 당신의 삶과 인격에 배어 실제의 삶에서 나타나야 합니다. 그 때 당신은 약간의 실상을 얻은 것입니다.

주님은 항상 열매를 요구하십니다. 주님께서는 단순히 당신의 지식을 묻지 않으시며 깨달음과 체험의 결과로 실제적인 변화와 삶의 결과를 요구하십니다. 당신의 지식과 당신의 체험을 통하여 당신이 얼마큼 사랑하였는지, 얼마큼 섬겼는지를 물어 보십니다.

그러므로 삶과 인격에 열매로서 나타나지 않은 모든 지식과 체험은 아직 실제가 아니며 심판 날에 그를 안전하게 지탱해주지 못하는 것입니다.

당신은 지금 기도의 학교에 입학하였습니다.
부디 열심히 바른 지식을 얻으며
그것을 경험하고 맛보십시오.
그리고 그것이 당신의 삶에 나타나게 하십시오.
그것이 당신의 영혼에 유익이 될 것입니다.
기도가 개념이 아닌 실상이 되어야 합니다.
기도의 이론이 아닌
기도의 실제를 경험하십시오.
그렇게 할 때 당신의 영혼은 풍성해지며
변화된 삶을 경험할 수 있게 될 것입니다.

45. 기도는 방법이 아닙니다

    기도는 실상이며 방법이 아닙니다. 여기저기서 영적인 훈련을 많이 받으면 대체로 사람들은 방법에 있어서 발전하고 지식이 늘어나고 기도의 테크닉도 좋아지지만 기도를 통해서 경험하는 실제는 줄어듭니다.
    이것저것 훈련도 많이 받고 여러 과정과 단계를 통과하기도 하지만 그 자신의 삶에서는 참된 평화와 사랑을 경험하지 못하는 이들을 나는 많이 보았습니다.
    그러다가 현실적인 어려운 문제가 생기고 그로 인하여 중심이 흔들리면서 그는 비로소 자신과 주님과의 관계가, 그 끈이 얼마나 허술한 것이며 자신이 얼마나 주님과 먼 곳에 있는지 깨닫는 것을 나는 많이 보았습니다. 그러할 때 그들은 자신들이 가지고 있는 것이 하나의 지식이며 테크닉 일뿐 실제적인 것이 아니라는 사실을 발견하게 되는 것입니다.

    10여 년 동안 목회를 하면서 나는 상담을 해준 경험이 많이 있었습니다. 작은 상담실에서 대화를 하며 상담을 받고 나간 이들은 대부분 눈이 부어서 나가곤 했습니다. 그래서 사람들은 상담실을 고문실이라고 불렀습니다.
    누군가 물었습니다.

"목사님.. 그러한 고문의 비결이 뭡니까? 상담의 비결이 뭐지요? 어떤 식으로 하기에 그렇게 사람들이 마음을 열고 통곡을 하나요?"

나는 대답합니다.

"그것은 사랑입니다. 그것은 테크닉이 아닙니다. 상담에는 방법이 없으며 상대방을 진정으로 사랑하는 마음이 있으면 우리는 서로 많은 것을 나눌 수 있습니다."

고통을 호소하는 이들은 상대방이 자신을 사랑하는지 아닌지를 알 수 있습니다. 상대방이 진정으로 자신을 염려하고 걱정해 주는지 알 수 있습니다. 대부분의 경우 그들이 원하는 것은 딱 떨어지는 해답이 아니라 이해 받고 싶고, 마음을 나누고 싶은 것이기 때문입니다. 그러므로 그들은 상담자와 마음이 하나로 통할 때 같이 울고 같이 웃으며 서로를 나눌 수 있게 되는 것입니다.

그것은 기도도 마찬가지입니다. 기도는 방법이 아닙니다. 단순한 테크닉이 아닙니다. 기도에도 방법이 있지만 그것보다 더 중요한 것은 중심입니다.

우리가 주님을 중심으로 사랑한다면 주님은 우리의 마음을 아실 것입니다. 그리고 우리에게 가까이 임하실 것입니다.

그러나 우리의 마음이 주님이 아닌 다른 것으로 가득하다면 우리가 아무리 다양한 기도의 테크닉을 사용해도 우리는 주님 곁으로 가까이 나아갈 수 없을 것입니다.

우리는 기도에 있어서 테크닉이 발전해서는 안 됩니다. 우리 영혼이 깨어나야 하며 주를 향한 애정이 더 깊어져야 합니다.
 기도는 테크닉이 아닙니다. 기도는 사랑입니다.
 기도는 방법이 아닙니다. 그것은 애정입니다.
 우리가 방법과 기술을 의지하지 않고 오직 주를 사랑하며 마음속에 주를 향한 갈망과 열정이 충만하게 될 때 우리의 기도는 좀 더 주님 가까이 나아가게 될 것입니다.

46. 기도는 삶입니다

아이들에게 잘못을 교정해 주면 때로는 너무 빨리 '죄송해요, 죄송해요' 합니다. 아빠의 말이 다 끝나기도 전에 다 이해하기도 전에 그들은 대답합니다. 아주 쉽게 '잘못했어요, 죄송해요' 합니다.

물론 하지 않는 것보다는 나을 것입니다. 그러나 그렇게 빨리, 쉽게 대답하는 것은 대부분 깊은 속에서 나오는 것이 아닙니다.

사람들은 예수를 영접하라고 하면 쉽게 알았다고 합니다. 주님께 헌신하라고 하면 쉽게 그렇게 하겠다고 합니다. 그들이 자신이 하는 말이 어떠한 의미를 가지고 있는지 모르는 것입니다.

아가들은 언제나 쉽게 대답합니다.

"오빠와 싸우지 않을 거야."

"엄마 말 잘 들을 거야."

그러나 그 말을 믿는 부모는 없습니다. 이 아이들은 어리기 때문에 자기가 한말을 이해하려면, 그리고 실천하려면 시간이 좀 더 필요할 것입니다.

주님께서 말씀을 주신 것은 그렇게 살라는 것이지 암송만 하고 있으라는 것이 아닙니다. 그러므로 주님의 말씀을 열심히 외우고 가르친다고 해서 그 말씀이 실제가 되는 것은 아닙니다.

나는 독특한 시각으로 말씀을 해석하면서 흥분하고 자기도취에 빠지는 젊은 전도사들을 많이 보았습니다. 너무도 깨달은 것이 많아서 가르칠 것이 너무나 많은 젊은 사역자들을 나는 많이 보았습니다.

나는 청년부를 담당하고 있는 어느 젊은 사역자가 몹시 사나운 얼굴로 "청년들이 도무지 성숙이 되지 않았어!" 하고 외치는 것을 보았습니다. 그의 얼굴은 몹시 사납고 살벌했습니다. 그러한 그의 모습은 자신도 전혀 성숙되지 않은 것을 보여주는 것입니다.

믿음이란 삶의 실상을 통해서 그 모습을 드러내주는 것입니다. 성숙한 사람은 그의 삶 속에서 온유하고 겸손하며 사랑이 가득한 모습을 보여줄 수 있을 것입니다. 그의 설교가 아닌 삶에서 말입니다.

그것은 기도도 마찬가지입니다. 기도는 실제이며 실제는 곧 삶입니다. 어떤 이가 기도에 대해서 아는 사람이라면 그의 삶은 아름다운 삶일 것입니다.

기도의 실상은 곧 아름다운 삶입니다. 기도가 실제가 된다면 그의 삶은 바뀌어 지며 그의 삶은 주님을 표현하게 됩니다. 왜냐하면 기도는 주님을 닮는 것이기 때문입니다.

기도는 삶이며 삶은 곧 기도입니다.

모든 생활 속에서 주님을 바라보는 것 -

그것이 곧 기도입니다.

47. 기도는 중보입니다

우리가 사랑하는 이들을 위해서 기도할 때 우리는 우리의 영과 더불어 조용히 그에게로 갑니다. 우리의 영은 조용히 상대방의 옆에 앉아 그의 영혼을 느낍니다. 그의 슬픔, 그의 고통, 그의 문제점 등을 우리는 조용히 함께 경험합니다.

우리의 영이 상대방과 함께 있을 때에 우리가 느끼는 것은 평소에 우리가 그에 대해서 아는 것과 많이 다를 수도 있습니다.

우리는 '아. 이 사람이 이렇게 고독하구나..' '아니, 이 사람 속에 이렇게 슬픔이 있구나..' '이 사람은 겉은 강해 보이지만 속의 마음은 이렇게 여린 사람이구나..' 그렇게 느낄 수도 있습니다.

우리들은 아마도 우리가 사람들을 평소에 외모로만, 겉의 인상으로만 판단했었다는 사실을 깨닫고 충격을 받게 될지도 모릅니다.

그의 영을 어느 정도 파악한 후에 우리는 그의 영혼을 주님께 맡깁니다. 우리는 그의 영혼을 위하여 어떻게 간구해야 하는지 무엇이 그에게 좋은 것인지 주님께서 무엇을 원하시는지 잘 모르기 때문에 우리가 그를 위하여 무엇을 간구하기 보다는 사랑하시는 주님의 손 안에 그를 조용히 올려놓는 것입니다.

주님께서 그에게 어떻게 해 주실 지 우리는 알지 못합니다.

그러나 우리는 그 분이 사랑이시라는 것을 알며 그 분께서 그 영혼을 사랑하신다는 것을 압니다.

그들을 주님께 맡긴 후에 마음에 평안이 오면 우리는 감사를 드리고 기도를 마칩니다.

그 후에 어떤 일이 생길 지, 어떤 변화가 생길 지 우리는 알지 못하지만 분명한 것은 주님께서 우리의 기도를 들으시며 그를 위해 주님께서 일하신다는 사실입니다.

언젠가 주님의 때가 되면 그는 주님 안에서 놀랍게 변화될 것입니다.

기도는 중보입니다.
중보는 우리와 주님, 그리고 상대방
이렇게 셋이서 손을 잡고
함께 한 영으로
조그만 오솔길을 걸어가는 것입니다.
그렇게 같이 걸어가는 가운데
우리도 그 사람도 같이 행복해지게 될 것입니다.

48. 기도는 주님이 우리와 함께 있다는 사실을 아는 것입니다

나치 독일시대에 한 소녀가 독일군에게 잡혔습니다. 그들은 이 소녀를 고문했습니다. 부모님과 친척들, 친지들의 위치를 말하라고 그녀를 계속 괴롭혔습니다.

하지만 소녀는 계속 버텼습니다. 그녀가 입을 열면 그 사랑하는 사람들이 다 위험에 처할 것을 소녀는 알고 있었습니다.

그러나 소녀는 시간이 흐르면서 점차 기운을 잃어가고 있었습니다. 그들은 이 소녀에게 위협하며 말했습니다.

"네가 고집을 부려봤자 아무 소용이 없다. 네가 여기서 죽어가고 있는 것은 아무도 모른다"

그 말은 그녀에게 그 어떤 형벌보다도 더 무서운 고문이었습니다. 그녀는 욕을 듣는 것보다도, 매를 맞는 것보다도 그녀가 혼자서 잊혀진 채로 죽어가고 있다는 사실이 가장 두려웠습니다.

어느 날 아침, 소녀가 식사를 할 때, 그녀가 먹던 빵 속에서 작은 표어가 나왔습니다.

그 종이 속에 이런 글자가 들어 있었습니다.

"용기를 내라. 우리가 너를 위하여 기도하고 있다."

그것을 보고 소녀는 힘을 얻었습니다.

그녀는 자기가 혼자가 아님을 알았습니다. 그리하여 그녀는 무서운 고문을 이길 수 있었으며 얼마 후에 석방되어서 사랑하는 이들의 품에 안길 수 있었습니다.

　우리는 가끔
　우리가 혼자라고 느끼지만
　바로 그 순간에도 주님은
　우리의 곁에 계십니다.
　우리가 그것을 느끼든, 못 느끼든
　그 사실이 변하는 것은 아닙니다.
　기도는
　주님이 우리와 함께 있다는 사실을 아는 것입니다.
　그렇기 때문에
　기도는 정말 행복한 것입니다.

49. 기도는 눈물입니다

　두 달에 한번정도 미용실에서 머리를 자릅니다. 나는 너무 행복합니다. 몇 천 원을 받고 나 같은 사람의 머리를 위해 봉사해주니 너무 감사할 뿐입니다.
　가끔 아내와 애들하고 외식을 하면 나는 너무나 감사합니다.
　내가 이렇게 귀한 음식을 먹을 자격이 없는데 주방에서 귀한 음식을 만들어 주고 아주머니들이 봉사를 해주니 너무 감사할 뿐입니다. 그래서 꼭 인사를 하고 고개를 숙입니다. 아이들도 꼭 같이 인사를 합니다.
　아내를 볼 때마다 나는 너무 행복합니다. 나 같이 부족한 사람과 살아주는 것이 너무 감사할 뿐입니다. 그녀는 항상 나를 위해서 헌신적으로 봉사를 해줍니다.
　언젠가 밤에 그녀가 끓여준 라면 앞에서 괜히 눈시울이 뜨거워졌습니다. 나 같은 죄인이 왜 이렇게 대접을 받아야 할까? 생각하면서 나는 눈물이 났습니다.
　여자들은 참 이상합니다. 왜 찬밥이 남으면 그걸 꼭 자기가 먹으려고 할까요? 아무리 찬밥을 뺏으려 해도 그녀는 잘 빼앗기지 않습니다. 설거지를 조금 도와주려고 하면 아내는 나를 부엌에서 쫓아냅니다. 그녀는 전통보수라서 이렇게 말합니다.
　"남자가 이런데서 얼쩡거리면 안돼요!"

나는 분에 넘치는 사랑을 받습니다.

아이들도 나를 사랑해 줍니다. 내가 그들에게 준 사랑이 1,2개라면 그들이 내게 준 것은 100개 이상입니다. 나는 왜 나의 아이들이 항상 아빠를 찾고 사랑하고 좋아하는지 이해할 수 없습니다. 그들은 아빠와 밤에 헤어질 때 서운해 하고 아침에 다시 만나면 환호성입니다. 그들의 사랑이 이해는 가지 않지만 나는 몹시 행복합니다.

모든 것이 은혜이고, 감사할 일 뿐입니다. 그러나 가장 감격할 수밖에 없는 것, 그것은 바로 주님의 사랑입니다.

도대체 주님이 왜 나를 사랑하시는지, 왜 나를 용서하시고 받아주시는지.. 나는 도무지 이해할 수가 없습니다.

왜 나 때문에 피를 흘리셔야 했는지, 왜 나 때문에 모진 고문과 가시밭길의 여정을 걸으셔야 했는지.. 나는 도무지 이해할 수가 없습니다.

오늘도 나는 웁니다. 주님께 너무 죄송해서, 감사해서.. 도무지 견딜 수가 없습니다. 주님께 아무것도 드릴 것이 없지만 그저 이 눈물이라도 주님께 드리고 싶은 마음입니다.

기도는 눈물입니다.

주님의 사랑에 어쩔 수 없이 항상 흘리고 또 흘리는 눈물..

사랑으로 인하여, 감사로 인하여 기쁨으로 인하여 흘리는 눈물.. 기도는 바로 눈물입니다.

50. 기도는 그리움입니다

    나이가 많은 목사님이 계셨습니다. 사모님도 많이 늙었습니다. 사모님은 병이 있었습니다. 그래서 남편의 설교를 듣지 못하고 침대에 항상 누워 있었습니다.
    목사님은 설교를 잘 하십니다. 그래서 설교초청을 많이 받습니다. 오늘도 먼 곳에서 초청이 왔습니다.
    목사님은 아내에게 말합니다.
    "여보. 기분이 이상해. 오늘은 가고 싶지 않아. 오늘은 당신 곁에 있을 거야."
    사모님이 대답합니다.
    "여보. 당신 같지 않게 왜 그러세요. 당신이 있어도 내게 별로 도움될 것은 없어요. 그러니 말씀을 전하고 오세요. 제가 여기서 기도할게요."
    내키지 않는 발걸음으로 목사님은 출발합니다.
    집회를 마치고 돌아오는 역 앞에서 그는 아내의 부음소식을 듣습니다. 그는 한 동안 그 자리에서 조용히 움직이지 않았습니다. 집으로 돌아와 장례식을 마치고 그는 다시 설교하러 나갑니다.
    설교를 마치고 밤이 깊어 집으로 돌아올 때에 그는 항상 가까운 과일 가게에 들르곤 했습니다. 거기서 아내에게 가져다 줄 맛있는 과일 한 개를 고르곤 했습니다. 그리고 집에 들어가 아내의 이마에 키스하면서 과일을 가져다주면 아내는 미소를 지으며 그와 사랑의 포옹을 합니다. 그때가 그들에게는 가장 행복한 순간이었습니다.

사랑하는 그녀는 떠나고 이제 그는 혼자입니다.

오늘밤도 그는 설교를 마치고 집으로 가는 길에서 과일가게 앞에 서 있습니다. 그러나 그는 과일을 사지 않습니다. 왜냐하면 과일을 줄 아내가 없기 때문입니다.

그는 과일가게 앞에서 오랫동안 서 있습니다.

그곳에서 아내를 느낄 수 있기 때문일까요? 그는 좀처럼 과일가게 앞을 떠나려 하지 않습니다. 오늘 따라 그의 마음은 아내에 대한 그리움이 사무쳐 가슴이 터질 것만 같습니다.

그는 조용히 속삭입니다.

"사랑하는 여보..
오늘밤은 당신이 너무나, 너무나.. 보고 싶군요."
그의 뺨 위에서 굵은 눈물이 하염없이 흘러내립니다.

시간이 흐르고 그는 돌아섭니다.
집을 향해 걸어갑니다.
아직도 가야할 여정이 그에게는 남아 있습니다.
그는 좀더 주님을 섬겨야 할 것입니다.
좀 더 주님의 말씀을 증거해야 할 것입니다.
아직 생명이 남아있는 동안 그는 좀 더 사람들을

사랑해 주어야 할 것입니다.
주님께서 그의 집으로 부르실 때까지
그는 조금 더 일해야 하는 것입니다.

그러나 이제 곧 그때가 올 것이며
그는 다시 그녀를 만나게 될 것입니다.
사랑하는 주님 앞에서
사랑하는 그녀를 행복하게 안아줄 것입니다.
그리고 그때의 포옹은
병상에서 사과를 손에 들고 하는 포옹보다
훨씬 더 온전하고 아름다운 포옹이 될 것입니다.

기도는 그리움입니다.
기도는 사랑하는 사람에 대한
사랑하는 주님께 대한 그리움입니다.
언젠가 우리들은 다시 만나고
사랑하는 이의 이름을 부르며
영원히 헤어지지 않고 서로 사랑하게 될 것입니다.

2부

기도의 계단을 오르십시오

기도에는 계단이 있습니다.
우리는 사랑하는 주의 이름을 부르며
한 계단씩 기도의 계단을 올라갑니다.
우리가 조금씩 더 높은 기도의 차원에 올라갈수록
우리는 주님에 대해서, 사랑에 대해서, 행복에 대해서
조금씩 더 깊이 알아가게 될 것입니다.

51. 기도는 서로 안아주는 것입니다

한밤중, 읽던 책을 덮고 아내와 아이들이 자는 방으로 들어갑니다. 나는 조용히 딸아이의 옆에 눕습니다. 그리고 조용히 아이에게 뽀뽀를 하고 그녀의 뺨을 어루만집니다.

잠결에 아이는 깨어서 아빠에게로 달라붙습니다. 나는 아이에게 한쪽 팔로 베개를 해주고 다른 쪽 팔로 아이를 어루만집니다. 아주 작은 손가락, 팔, 그리고 조그만 엉덩이를 쓰다듬습니다.

아이를 부드럽게 어루만지는 것.. 그 기분을 어떻게 말로 표현할 수 있을까요. 그것은 돈으로 값을 계산할 수 없는, 아빠이기 때문에 주어지는 축복이며 형용할 수 없는 행복감과 사랑을 느끼게 해주는 것입니다.

세 살쯤 되었을 때 아이가 물었습니다.

"아빠. 왜 자꾸 나를 만져요?"

나는 즐겁게, 부드럽게 웃으며 대답합니다.

"으응.. 그건 아빠가 너를 사랑하기 때문이지.. 그리고 아빠는 너를 만지고 있으면 너무나 행복하기 때문이란다. 너는 기분이 어떠니?"

아가도 대답합니다.

"나도 참 기분이 좋아요, 아빠."

아이를 안고 있는 아빠는 누구든지 시인이 될 수밖에 없습니다. 자기의 몸을 온전히 맡기는, 아이의 완전한 의탁, 완전한 의지.. 아이들은 아직까지 아빠가 완전한 존재인줄 아는 것입니다. 아빠가 얼마나 죄인인지 모르고, 아빠가 얼마나 무능한지 모른 채로 그저 아빠에게 안겨만 있으면 세상에는 아무런 문제가 없다고 아이들은 믿고 있는 것입니다.

아빠가 돈 걱정을 하면 그들은 말합니다.

"아빠. 걱정하지 말아요. 내 저금통이 있잖아. 그것 다 아빠 줄게."

아빠는 대답합니다.

"그래. 네 저금통만 있다면 아빠는 무엇이든 할 수 있단다.."

우리의 아이가 이처럼 아빠를 신뢰한다면 우리는 우리를 지으신 아버지를 얼마나 더 신뢰해야 할까요! 우리와 같이 무능한 사람도 신뢰의 대상이라면 그 완전한 우리의 아버지는 얼마나 우리에게 위안이 되시는가요.

나는 딸아이를 안고 있지만 아이도 나를 안고 있습니다.

그 조그만 팔로 아빠를 놓치지 않으려고 목을 꼭 끌어안고 어깨를 꼭 끌어안습니다. 아빠를 다 안기에는 너무 짧은 팔이지만오, 그 안아줌이 얼마나 아빠를 행복하게 하는지요.

아이를 안을 때도 행복하지만 아이에게 안길 때에는 더욱 더 행복합니다. 더 이상 행복할 수가 없어서 나는 주님께 감사 기도를 드립니다.

기도는 포옹입니다.

주님께서 우리를 안아주시고

우리도 주님을 안습니다.
그것이 바로 기도입니다.
주님이 우리를 안아주실 때
우리도 행복하지만
주님도 행복하십니다.
이제 당신도
주님을 안아드리세요.
더욱 큰 행복을 경험하실 것입니다.
당신의 팔은 주님을 안기에 너무나 작아 보이지만
그래도 그것으로 주님은 기뻐하시고
당신도 더욱 기뻐하게 됩니다.
기도는 행복입니다.
기도는 서로 안아주는 것입니다.
사랑함으로 같이 서로 안고
천국의 문으로 들어가는 것입니다.

52. 기도는 포옹까지 이르는 것입니다

아빠가 아이들에게 묻습니다.
"애들아. 아빠가 제일 좋을 때가 언제지?
아빠가 너희들에게 어떻게 해줄 때가 가장 좋으니?"
그들은 대답합니다.
"재미있는 얘기를 해 줄 때요."
"웃기는 얘기를 할 때요."
"축복기도 해줄 때요."
"안아줄 때요."
"같이 놀아줄 때요."
"공부를 가르쳐줄 때요."
"말씀을 가르쳐줄 때요."
아빠는 다시 묻습니다.
"그러면, 그 중에서 제일 좋은 게 어떤 거야?"
그들은 고민합니다.
그러다가 잠시 후 두 놈이 같이 대답합니다.
"아빠가 안아줄 때요!"
아빠는 생각에 잠깁니다. 여러 좋은 것이 있는데 그 중에서 왜 안아주는 것이 가장 좋을까?
잠시 후, 이런 결론을 내립니다. 안아주는 것이 가장 거리가 가깝다. 이야기하는 것도 거리가 있고, 같이 놀 때도 거리가 있고, 장난을 즐길 때도 거리가 있지만 안고 있을 때는 거리가 없다. 그래서 더욱 하나라고 느껴진다.

아이들이 기분이 좋을 때는 아빠와 같이 놀지만 그들이 슬프거나 아플 때는 아빠에게 안긴다. 무서울 때나 놀랐을 때도 그들은 아빠에게 붙어서 떨어지지 않는다. 안고 있을 때 두 사람은 하나가 되어 둘의 마음은 합해진다. 그래서 안겨있을 때에 그들은 아빠의 사랑을 가장 많이 느끼는 것이다. 나는 고개를 끄덕입니다.

기도에는 여러 요소가 있습니다. 대화도 있습니다. 기다림도 있습니다. 침묵도 있습니다. 외침도 있습니다. 고백도 있습니다. 눈물도 있습니다. 그러나 그 모든 것 중에서 가장 좋은 것은, 가장 가까운 것은 안아주고 안기는 것이 아닐까요?

어떤 사람이 처음 만난 사람을 안는다면 그는 이상한 사람한 일 것입니다. 처음에는 누구나 서로 서먹서먹합니다.

그러나 만나고, 대화를 하면서 마음이 통하는 사람이 있습니다. 그들은 차츰 서로에 대해서 정을 느끼고 마음의 빗장을 풉니다. 마음을 나누며 그들은 가까워집니다. 이제 그들은 점점 더 마음속의 깊은 것을 이야기합니다.

그리고 시간이 흐르며 그들은 서로 그리워하게 됩니다. 계속 시간은 흐르고 그리움은 증폭되어서 그들은 서로를 원하게 됩니다. 그들은 이제 헤어져 있는 것이 고통이 되고 함께 있는 것이 기쁨이 됩니다. 그리하여 그들은 미래를 약속하고 영원을 약속하며 서로 안아줍니다.

　이와 마찬가지로 기도도 조금씩 발전해 가는 것입니다. 자기 소개, 하소연, 듣기, 말하기, 눈물, 웃음.. 그리고 그렇게 시간이 흐르고 당신은 주님께 사랑을 느끼며 그분께 동화됩니다.

　당신은 이 세상의 모든 것을 다 버려도 오직 그분만을 알고 싶어 합니다. 어떤 대가를 치르더라도 그분을 알고 싶어 합니다. 이제 당신은 온 우주 안에서 그분만이 당신을 진정 사랑하시며 당신을 채우실 수 있다는 것을 압니다. 그것을 깨달을 때 당신은 그분에게 안기고 싶어 합니다.

　이제 당신은 그분을 더 깊이 알고 싶어 합니다. 기도는 수단이 아니라 목적이 되며 어쩌면 당신이 살아가는 유일한 목적이 될 것입니다.

　기도는 포옹입니다.
　기도는 주님께 안기는 것입니다.
　기도는 주님을 아는 것입니다.
　기도는 주님과 아주 가까이 있는 것입니다.
　그러므로 기도는 처음에는 서먹서먹하게 시작되지만 점차 사랑의 주님께 이끌리게 되며 나중에는 당신을 주님과의 깊은 사랑의 포옹에까지 이르게 하는 것입니다. 그 사랑의 포옹 안에서 당신은 천국의 기쁨을 알게 될 것입니다.

53. 기도할 때 예의를 갖추십시오

아들 주원이가 제방에서 엄마를 큰소리로 부릅니다.
"엄마! 엄마!"
나는 주원이의 방으로 갑니다.
그리고 말합니다.
"주원아.."
"네. 아빠."
"네가 이 집의 왕이냐?"
"아니어요. 왜요?"
"왕이 신하를 부를 때 뭐라고 부르지?"
"여봐라! 게 아무도 없느냐? 하죠."
"그러면 신하가 뭐라고 하지?"
"예이, 여기 있사옵니다. 하지요."
"왕이 방안에서 부르니, 밖에서 부르니?"
"방안에서 부르지요."
"신하는?"
"밖에서 들어오지요."
"그러면 네가 안방에서 '여봐라. 엄마는 밖에 없느냐' 부르고 엄마는 밖에서 들어와 '예이. 여기 엄마 대령했사옵나이다.' 해야 할까?"

아들은 부끄러워 머리를 긁습니다.

"그건 버르장머리 없는 행동이다. 알겠니?"

"네."

"앞으로 방안에서 큰 소리로 밖에 있는 엄마를 부르지 말아라. 그리고 엄마를 불러야 할 때는 조용히 바깥으로 나와서 엄마가 바쁘지 않은지 무엇을 하시는지 살펴보아라.

엄마, 아빠가 계신 방을 함부로 문을 열고 뛰어 들어오지 말고, 엄마 아빠가 대화를 하고 있는데 갑자기 끼어들어서 말을 하지 말아라. 사람은 항상 예의를 지켜야 한다. 알겠니?"

"네. 죄송해요. 아빠. 다음부터 조심할게요."

물론 그는 쉽게 고치지 못할 것입니다. 어린 아이는 자기의 입장만을 생각할 뿐이며 충분히 자라기 전까지는 다른 사람을 배려해야 한다는 것을 알지 못하니까요. 아마 비슷한 것을 더 많이 반복해서 가르쳐야 되겠지요. 그러나 자랄수록 그는 예의바르게 될 것이고 상대방을 배려해야 하는 것을 배우게 될 것입니다.

기도도 이와 같습니다. 우리는 주님의 이름을 함부로, 예의 없이 불러서는 안 됩니다. 어떤 이들은 기도를 하면서 마치 주님을 종처럼 부릅니다. 이런 식입니다.

"주님, 주님!"

"예 부르셨습니까, 사모님."

"왜 이렇게 응답이 늦어요, 좀 확실히 하세요."

"예 죄송합니다. 사모님."

"내일까지 해 놓으세요. 아니면 저도 생각이 있어요."
"예. 사모님. 여부가 있겠습니까. 노여움을 푸십시오."
이것은 바른 자세가 아닙니다.
주님은 주인이십니다. 그분은 우리의 종이 아닙니다.
우리는 종입니다. 주인이 아닙니다.
주의 이름을 부를 때 조용히, 간절하게, 사모하는 마음으로 조심스럽게 주를 부르십시오.
기도에는 예절이 필요합니다.
우리의 기도가 성장할수록 우리의 기도는 예의와 겸손과 아름다움의 향취가 가득하게 될 것입니다.

54. 기도의 대화이전에 치유가 먼저입니다

    교회 안의 사무실에 있는데 밖에서 다른 교회에 다니시는 어떤 여집사님이 소리를 지르며 기도하는 소리가 들립니다.
    그녀는 산 기도를 많이 다니시는 분입니다. 그녀가 밖에서 소리를 지르는데 거기에 영의 흐름이 없습니다. 주님과의 교통에서 흘러나오는 아름다운 감미로움이 없습니다.
    큰소리의 기도라고 다 나쁜 것은 아닙니다. 강력하게 큰 소리로 외치면서 기도할 때 어떤 경우는 그 우렁찬 기도소리에 권능과 감동과 폭포수와 같은 은혜의 물줄기가 쏟아지는 경우도 있습니다. 또한 큰 소리로 기도해도 시끄럽기만 하고 영의 흐름이 없이 빡빡한 느낌이 드는 경우도 적지 않습니다.
    조용한 기도라고 다 좋은 것은 아닙니다. 어떤 고요한 기도에는 꿀과 같이 부드러운 감미로움이 흐르는 경우도 있지만 어떤 경우에는 고요한 기도나 침묵기도를 통해서 죽음과 같은, 시체 같은 답답함이 배어 나오기도 합니다.
    중요한 것은 큰 소리로 기도하느냐 작은 소리로 기도하느냐가 아니라 그 기도하는 사람의 영이 자연스럽게 흘러나오느냐, 아니면 꽉 막혀 있느냐에 있는 것입니다. 지금 그녀의 기도는 요란하지만 그 안에 영의 흐름이 막혀있고 그 속에서 고통스러운 기운이 흘러나오고 있으며 저런 식의 억지기도는 오래할수록 오히려 영혼이 손상되는 것입니다. 그러한 기도는 자기의 영혼도 상하게 되고 듣는 자의 영혼에도 고통을 주는 것입니다.

오늘날 많은 교회에서의 대표기도가 영혼의 유익을 주기는커녕 별로 도움이 되지 않을 뿐 아니라 영혼을 손상시키기도 하는 것입니다. 성령의 감동이 없고 영이 흐르지 않는 기도는 아무리 오래 해봤자 본인과 다른 이들을 지치게 만들뿐입니다.

나는 더 이상 견디기 어려워 밖으로 나옵니다. 그리고 기도하고 있는 그녀의 곁으로 조용히 다가갑니다. 그녀는 눈을 뜹니다. 나는 그녀에게 묻습니다.

"기도가 잘 되십니까?"

그녀가 대답합니다.

"아니에요. 목사님. 오늘은 정말 기도가 힘드네요. 왜 이렇지요?"

나는 그녀를 예배당 뒤쪽의 소파로 안내합니다. 같이 앉아서 나는 그녀에게 기도의 영에 대해서, 영의 상태에 대해서, 영혼의 장애물에 대해서, 영적 전쟁의 원리에 대해서 여러 가지로 조언을 해줍니다. 이야기 중에 그녀가 놀라서 말합니다.

"목사님, 목사님의 말을 듣는 중에 제 속에서 계속 진동이 일어나고 있는데 이게 도대체 뭡니까?"

나는 대답합니다.

"나쁜 기운이 빠져나가고 있으니 별로 신경 쓰시지 마세요."

사람의 안에는 누구나 악한 기운이 있습니다. 그것을 어두움의 세력이라고 할 수도 있고 병 에너지라고 부를 수도 있으며 악한 영이라고 불러도 됩니다. 아무튼 그러한 악한 기운이 기도를 방해하는 것인데 그러한 기운들은 예배 중에 진동과 함께 처리되기도 하고 영적인 능력을 가지고 있는 사역자에게 기도를 받거나 대화를 나누는 중에 사라지기도 합니다. 대화는 곧 영적인 에너지를 서로 나누는 것이니까요.

나는 조용히 대화를 하는 가운데 상대방이 가지고 있는 악한 기운을 분별하고 소멸시키는 것을 좋아합니다. 안수 기도를 하고 귀신을 쫓아내고.. 이런 식의 방법보다 더 자연스럽기 때문입니다. 난리법석을 떨지 않고 조용히 어두움의 기운을 처리하는 것입니다.

다만 어떤 경우에는 상대방이 악한 기운을 많이 가지고 있을 때에 그 세력이 소멸되는 과정에서 강하게 발작하고 표출되기도 하기 때문에 그러한 경우에는 상대방이 놀라지 않도록 좀 더 설명을 해주는 것이 필요합니다.

대화를 나누기 시작한지 약 30분쯤 지나자 그녀의 떨림은 멈춰집니다. 그녀의 영이 많이 회복된 것을 느끼고 나는 그녀에게 말합니다.

"이제 기도하셔도 됩니다."

그녀는 묻습니다.

"괜찮을 까요? 오늘은 너무 기도가 안 되는 데.."

나는 웃습니다.

"지금은 영이 회복되었습니다. 다시 기도해보십시오. 이제는 기도가 잘 될 것입니다."

대답하고 나는 사무실로 들어갑니다. 그녀가 다시 기도를 계속 합니다. 그녀는 차분한 목소리로 기도를 하기 시작합니다.

이제 그녀의 목소리엔 아름답고 감미로운 어떤 것이 흐르기 시작합니다. 기도하면서 그녀는 조용히 흐느끼기 시작합니다. 그녀는 이제 주님과 접촉하고 있는 것 같습니다.

아까 그녀의 영은 몹시 상하고 지쳐 있었습니다. 그러나 대화를 통하여 영적인 기운을 회복하고 이제 그녀는 부드럽고 편안하게 주님과의 교제에 빠져들어 가고 있었습니다.

기도가 잘 되지 않을 때가 있습니다. 소리를 지르는 것이 힘들고 입을 벌리는 것조차 힘들 때가 있습니다. 그러한 경우에 억지로 소리를 질러서는 안 됩니다. 조용히 침묵하며 안식해야 합니다. 그 때 당신의 속에는 뭔가 상한 것이 있는 것입니다.

사냥꾼의 화살을 맞은 사슴이 피를 흘리며 계속 달려가면 그 사슴은 죽고 말 것입니다. 사슴은 의사의 발 앞에 조용히 누워서 의사가 화살을 뽑고 상처를 치유해 줄 때까지 기다려야 하는 것입니다. 붕대를 다 감고, 상처가 아물면 다시 사슴은 즐겁게 뛰어다니며 행복하게 놀 수가 있는 것입니다.

당신의 마음이 아플 때 기다리십시오.

당신의 마음이 막혀있을 때 기다리십시오.

치유가 끝나면 당신은 그것을 압니다.

왜냐하면 그 때 당신은 기도가 너무 쉽고 재미있게 느껴지며 당신의 입에서 나오는 한 마디 한 마디의 말이 당신이 듣기에도 너무나도 달콤하니까요.
당신이 입을 열어 말을 하는 것이 고통스럽다면
당신은 무리하고 부자연스럽게 기도하고 있는 것이며
당신의 영혼만 고통스러운 것이 아니라
기도를 듣고 있는 사람들도 똑같이
고통스럽다는 것을 알아야 합니다.

당신이 주님께 기도드릴 때
주님과 대화하는 것이 쉽지 않다면,
입을 벌리는 것이 어렵다면
부디 기억하십시오.
당신은 대화이전에 치유가 필요합니다.
안식이 필요합니다.
치유와 안식이 끝난 후에 당신은 대화를 해야 합니다.
이것이 기도의 실제적인 원리입니다.

55. 기도는 갈망입니다

배가 육지에 도착합니다. 배와 육지 사이에 밧줄을 연결하고 밧줄을 잡아당깁니다. 그러면 육지가 배에 끌려오는 것 같지만 배가 육지에게로 끌려갑니다.

기도도 이와 같습니다. 초보자가 기도를 시작할 때에 그는 하나님에 대해서 아무것도 모르고 별로 관심도 없습니다.

그의 관심은 자기 자신입니다. 그의 관심은 자신의 고통과 자신의 복지와 자신의 아집과 자기의 유익입니다.

하나님에 대해서는 기껏해야 자기에게 유익을 주는 분 정도로 압니다. 그러므로 그의 기대가 어긋나면 그는 날카롭게 항의하며 원망합니다.

그러나 기도가 눈을 뜨고 영이 자라게 되면 그는 자신의 고집과 이기심과 죄성을 알게 되고 자신의 소원, 육신의 소원이 다 부질없는 것임을 알게 됩니다.

그는 점차로 주님 자신을 구하게 됩니다. 무엇을 얻기 위해서가 아니라 주님을 얻기 위해서 그는 주님께로 옵니다. 그에게는 주님께 대한 갈망이 생기며 나중에는 주님께 대한 사모함으로 견디기가 어렵게 됩니다. 자든지 깨든지, 먹든지 마시든지, 집에 있으나 밖에 있으나 그의 그리움은 오직 예수뿐입니다. 그가 어떤 일을 하든, 기도든 전도든 교제든 일이든 그 모든 것을 주님께 기쁘시게 하고 싶은 열망에서 나옵니다.

왜, 어떻게 그런 갈망이 생기는 것일까요? 그것은 그의 속에 주의 영이 임하시며 그 영은 하나님과 동일한 성분이기 때문입니다. 그리고 그 영은 점점 더 증가되기 때문입니다.

동일한 성분이 떨어져 있다는 것은 너무나 큰 고통이 됩니다. 어린아이를 잃어버린 엄마의 가슴.. 그녀는 거의 미칠 지경이 됩니다. 그녀는 밥을 먹을 수 없고 잠도 잘 수 없습니다.

이 세상을 다 주어도 그녀의 삶은 삶이 아닙니다. 왜 그럴까요? 그녀의 뱃속에서 나온 그녀와 같은 성분, 그녀의 전부가 그녀에게 없기 때문입니다. 그러므로 이와 같이 우리 속에 주님과 같은 성분이 증가될수록 우리는 주님과 주님의 얼굴을 구하게 되는 것입니다.

기도는 갈망입니다.
갈망의 증가입니다.
당신의 심령 속에서 주님께 대한 갈망이 많아질수록
당신은 기도의 본질에 접근하고 있는 것입니다.

56. 듣는 기도를 하십시오

어떤 이가 물었습니다.
"하나님의 음성을 어떻게 듣지요? 나는 한번도 들어본 적이 없어요."
나는 대답합니다.
"당신은 하나님의 음성이 어떻게 들릴 거라고 생각하십니까?"
그는 대답이 없습니다.
"천둥소리로 말씀하실까요?"
그는 대답합니다.
"아니겠지요."
"그러면 귀에 들리는 음성일까요?"
그는 망설입니다.
"글쎄요."
나는 설명합니다.
"영이 별로 발달되지 않았을 때, 주님은 물리적인 음성이나 환상으로 나타나실 수 있습니다. 그러나 이것은 극히 예외적인 방법이지요. 그러면 어떤 것이 일반적인 방법일까요? 그분은 영이시고 우리도 영을 가지고 있으므로, 하나님은 우리에게 영적인 감동을 주십니다. 그것이 일반적으로 하나님께서 우리에게 말씀하시는 방법입니다. 기도한 후에 평안해 본적이 없으십니까?"

"그거야 많지요."

"기도하다보면 마음속에서 '왜 염려하느냐.' 하는 생각이 떠오른 적이 없으세요?"

"여러 번 있었던 것 같은데요."

"'가만있자, 하나님께서 나의 아버지이신데 내가 왜 걱정했지?' 하는 생각이 들은 적은 없으세요?"

"맞아요. 몇 번 있었던 것 같아요."

"그것이 하나님의 음성입니다."

"그래요? 그건 너무 쉬운데. 별로 특별한 게 아니네요?"

"그렇습니다. 하나님의 음성을 듣고 느끼는 것은 하나도 특별한 일이 아닙니다. 기도하다가 성경말씀이 또렷하게 떠오른 적은 없습니까?"

"제가 성경을 잘 안 읽어서요."

"그렇습니다. 성경을 읽지 않으면 하나님께서 성경을 통해 말씀하시지는 않겠지요. 그러면 설교에서 들은 말씀이 기도하다가 떠오른 것은 없습니까?"

"그건 많아요. 기도할 때도 그렇고 집에 가만히 누워 있을 때도 떠오른 적이 있어요."

"그것도 간접적인 하나님의 음성이라고 할 수 있습니다.

그런데 왜 집에 가만히 누워 있을 때 그 말씀이 떠오르는지 아세요?"

"모르겠는데요."

"그것은 우리의 겉사람이 조용하고 편안한 상태에 있을 때 영혼이 자유롭게 움직일 수 있기 때문입니다. 마음이 몹시 바쁘고 쫓길 때 내면에서 그런 느낌이 떠오른 적이 있나요?"

"별로 없는 것 같습니다."

"그렇지요. 겉사람이 바쁘면 내적인 감동을 받기가 어렵습니다. 세상일에 너무 깊이 몰두하고 있으면 뭔가 속에서 불안해지는 느낌이 들지요? 그것은 영혼의 경고이며 탄식이라고 할 수 있습니다."

"그렇군요."

"기도를 오래 안 했을 때 기도해야 되는데.. 그런 생각이 떠오른 적은 없습니까?"

"왜 없습니까? 항상 있지요. 그렇다면 그것도 하나님의 음성이군요?"

"그렇습니다. 마음속에서 기도를 해야 한다는 소원이 일어나는 것은 나의 소원도 아니고 마귀가 주는 소원도 아닙니다. 우리 안에 거하시는 주님이 그러한 소원을 일으키는 것이지요. 그런데 그러한 감동이 올 때 순종하십니까?"

"저.. 사실.. 순종 못할 때가 많고.."

"순종하면 그 하나님의 감동이, 음성이, 커질까요? 작아질까요?"

"커지겠군요."

"그렇습니다. 더욱더 커지고 분명해 집니다. 주님께 묻는 기도를 하십니까?"

"묻는 기도요?"

"네. 주님께 물어보는 거죠. 주님.. 제가 지금 어떻게 해야 되나요? 주님 무엇을 원하세요? 이런 식으로요."

"해보지 않았는데요."

"앞으로 그렇게 주님께 물어보는 기도를 드리십시오. 그리고 나서 기다리세요. 대체로 어떤 느낌이 올 것입니다."

"안 오면 어떡하지요?"

"아무런 감동이나 느낌이 오지 않으면 혹시 어떤 죄로 인하여 영이 막혀있는지, 자세가 잘못되어 있는지, 질문자체에 문제가 있는지 구체적으로 여쭤보십시오."

"그러다가 음성을 잘못 듣거나 틀리면 어떡하죠?"

"물론 틀릴 수도 있습니다. 그러나 중요한 것은 자세지요. 주님을 기다리는 자세, 주님의 말씀을 기다리는 자세, 주님의 뜻을 이루려는 자세, 순종하려는 자세.. 그런 자세를 가지는 것이 중요한 의미가 있는 것입니다.

그리고 설사 틀린다고 하더라도 괜찮습니다. 그 마음 중심의 자세와 동기가 중요하니까요. 또 그런 식으로 실수도 하면서 성장해 가는 것이니까요. 다시 물어볼게요. 하나님의 음성을 한 번도 들어본 적이 없나요?"

"한번도.. 아니, 그러고 보니 참 많군요. 그런데 참.. 듣기만 하고 순종을 못해서.."

"예. 바로 그렇습니다. 하나님의 음성과 감동을 듣고 느끼는 것은 하나도 특별하거나 신령한 것이 아닙니다. 다만 그러한 감동을 받고 거기에서 끝날 것이 아니라 순종하고 더 주님의 원하시는 삶을 살아야 하겠지요.

한 가지 더 주의해야 할 것은 주님의 음성과 감동을 자신에게만 적용해야 한다는 것입니다. 다른 사람에게 가서 '주님께서 이렇게 말씀하십니다.' 이런 식으로 예언자 노릇을 하려고 하면 안 됩니다. 각 사람의 양심과 영의 수준은 다 틀리기 때문입니다. 그러므로 음성이나 느낌이나 감동도 다 다릅니다. 지금은 신약시대이므로 누구나 다 자기 안에 주님의 영을 모시고 있기 때문에 각자가 다 주님의 음성을 들을 수 있고 감동을 받을 수 있습니다.

"그렇군요. 감사합니다."

신비한 것을 너무 좋아하여 신비한 체험이나 음성에 너무 치우치는 것은 좋지 않지만 기도에 있어서 주님께 묻는 것은 아주 중요한 부분입니다.

기도는 우리가 혼자 일방적으로 드리는 기도에서 묻는 기도, 듣는 기도, 기다리는 기도로 발전해가야 합니다. 묻는 기도는 기도를 일방적인 것에서 상호적인 것으로 만들어주며 우리의 기도를 더 발전시킵니다. 그렇게 기도가 발전해갈수록 우리의 기도는 아름답고 풍성해지며 우리는 좀 더 주님께 속한 사람이 될 수 있을 것입니다.

57. 기도의 현재 단계에서 머물지 마십시오

　기도에는 많은 단계들이 있습니다. 기도 세계의 여행자들은 본인의 영성의 발전 단계를 따라 여러 수준의 단계를 경험하게 됩니다. 그 단계들은 각 사람의 수준이나 성향, 사명에 따라 다양하게 경험되어지며 특정한 과정이 있는 것은 아닙니다.
　그 단계에는 고통의 단계도 있고, 즐거움의 단계도 있습니다. 주님의 임재를 맛볼 수 없는, 광야에 홀로 버려진 듯한 메마름의 골짜기도 있고 꿀물이 흐르는 샘물가의 경험도 있습니다.
　우리는 고통의 단계들을 빨리 통과하려고 하고 행복한 자리에서는 일어날 줄을 모릅니다. 그러나 우리는 한 군데에서 머물러 있지 말고 계속 계단을 올라가야 합니다.

　능력의 단계가 있습니다. 우리는 그 불에 휩싸입니다. 그것은 너무 강렬하고 감격적인 경험입니다. 우리는 그곳에 머물러 있기를 원합니다. 그러나 우리는 떠나야 합니다. 그곳에서 떠나지 않고 계속 머무를 때 우리는 거칠고 사나와 질 것입니다.
　달콤한 황홀경의 세계도 있습니다. 이곳은 진정 떠나기 어렵습니다. 그러나 잠시 머물면서 맛을 볼 수는 있지만 거기에서 계속 머무르고자 할 때 신비주의의 늪에 빠지게 될 것입니다. 신비주의는 깊어 보이지만 결코 깊은 곳이 아니며 나 중심이고, 감각

중심이며, 쾌락 중심이며, 육체 중심인 것입니다.

기도에 있어서 도취가 목표가 되어서는 안 됩니다. 도취는 하나의 도피 행위에 불과한 것입니다. 마약에도, 최면술에도, 단전호흡에도, 요가에도, 기 훈련에도, 초월적 명상에도, 마인드 컨트롤에도, 심령 과학에도, 세상 음악에도 영의 종류가 다를 뿐 도취와 황홀경은 있습니다. 그러한 황홀감이 없다면 사람들이 그런 것에 미혹되지 않을 것입니다.

그러나 그러한 달콤한 느낌에 빠지는 것은 위험한 일이며 또한 주님으로부터 오는 경험이라고 하더라도 그러한 달콤한 경험을 많이 누리는 것이 영혼에게 반드시 도움이 되는 것은 아닙니다. 일반적으로 어린 영혼일수록 달콤한 경험을 많이 하게 되며 주님께서는 어느 정도 영혼이 성장하게 되면 그 경험을 가져가 버리십니다.

제자들은 신비한 경험을 한 후 '이곳이 좋사오니..' 하고 그 경험에 머물러 있고 싶어 하지만 (마17;4) 그들이 눈을 떴을 때 아무 것도, 구름도, 남아있지 않고 오직 예수 외에는 보이지 않는 것을 알게 됩니다. (마17:8)

육신의 혈기, 욕심, 죄성이 별로 처리되지 않은 이들이 신비의 경험을 많이 하는 것은 독약과 같습니다. 이들은 신비한 경험들을 소화할 만한 능력이 없으며 경험의 결과 교만해지고 완악해져 갈 수 있습니다. 그는 자신이 깊은 사람이라고 생각하게 되며 차츰 마귀의 미혹에 넘어갈 수도 있습니다.

깊은 계시의 세계도 있습니다. 계시에는 바른 깨달음도 있으며 또한 거짓된 영으로부터 오는 미혹도 있습니다. 이런 경우 체험자는 갑자기 자신의 눈이 열리는 듯한 느낌을 가지게 됩니다. 모든 진리를 깨달았다고 느낍니다. 이 때 조심해야 합니다. 그는 실제로 진리를 깨달은 것이 아니라 단순한 착각의 상태에 놓여 있는 것입니다.

사탄은 항상 다른 사람의 상태나 바깥의 모습을 보여주기 때문에 그는 자신의 상태를 보지 못하고 자신의 시각과 관점으로 다른 사람과 모든 것을 비판하게 됩니다. 자신을 객관적으로 보지 못하므로 자신이 가지고 있는 냉정함, 날카로움, 사랑과 온유함이 부족한 모습.. 등의 상태를 그는 인식하지 못합니다.

이와 같이 남의 상태를 함부로 판단하고 자신의 신앙이 좋은 줄로 아는 사람은 악한 영들에게 속고 있는 것입니다.

왜냐하면 악령들은 우리가 얼마나 위대한 존재인가 하는 것을 가르쳐 주려고 애쓰지만 주님께서는 우리가 얼마나 비참한 존재인가를 깨닫게 하시며 그 분의 발 앞에 엎드려 그 분의 긍휼을 구하도록 인도하시기 때문입니다. 그러므로 주님께 속한 사람은 남을 함부로 비판하지 않으며 오직 사랑의 시각으로 다른 이들을 보고 대할 뿐입니다.

많은 곳을 여행한 후에 여행자는 기도의 단순함으로 돌아갑니다. 여행자가 머물 곳은 단순한 사랑의 장소입니다.

이곳은 주님의 마음이 있는 곳이며 주님의 사랑이 있는 곳입니다. 그곳에서 그는 그저 단순히 주님을 사랑합니다.

그곳에서 그는 영혼들을 사랑합니다. 그곳에서 그는 어린 아이와 같이 됩니다.
　기도의 단계들은 행복하면서도 위험하고
　위험하면서도 아름답습니다.
　높은 영계로 여행하는 사람도 있고
　어두운 골짜기, 쓰레기 더미 속에 파묻혀 있으면서도
　자신이 영계의 높은 곳에 있는 줄로
　착각하는 영혼도 있습니다.
　우리는 주님을 사랑함으로 기도의 계단을 올라가야 합니다.
　주님을 바라보고 이 길을 걸을 때
　그 분은 우리를 지켜주십니다.
　기도의 계단을 오르십시오.
　기도의 전쟁들을 분별하며
　기도의 단계들을 통과하십시오.
　높은 영성인이 되기 위하여 기도하지 말고
　주님을 사랑하기 위하여, 사람들을 사랑하고 돌볼 수 있도록
　계속 주님을 바라보십시오.
　기도는 여러 단계의 계단을 통과하는
　영혼의 여정인 것입니다.

58. 사람의 말을 잘 듣는 것이 듣는 기도의 시작입니다

　사람들과의 관계는 주님과의 관계를 반영합니다. 모두들 자신이 주님을 사랑한다고 생각합니다. 그러나 그것은 사실일 수도 있고 착각일 수도 있습니다.
　평생 주님의 가슴에 못을 박으면서도 자신은 진정 주님을 사랑한다고 생각하는 사람도 많습니다. 심판 날에 그 사실을 깨단게 된다면 그와 같은 비극도 다시 없을 것입니다.
　그렇다면, 어떻게 주님께 대한 자신의 사랑이 진실인 것을 알 수 있을까요? 그것은 그들의 대인 관계를 보면 알 수 있습니다. 그들이 사람들을 사랑하는 것을 보면 알 수 있습니다.
　만약 그들이 사람들을 좋아하지 않으면서 주님을 사랑한다고 하면 그것은 거짓말입니다. 왜냐하면 보이는 형제를 사랑하지 않으면서 보이지 않는 주님을 사랑하는 것은 불가능하기 때문입니다. (요일:4:20)
　그가 사람들에게 친절하게 대하고 사람들을 섬기는 것을 좋아한다면 그는 주님을 사랑하는 사람입니다. 그가 무례한 사람이나 자기를 싫어하고 모함하는 사람까지도 좋아한다면 그는 분명히 주님의 사람입니다. 왜냐하면 원수를 사랑하는 것이 주님 사랑의 근본이기 때문입니다.

그러나 그가 자기에게 잘해주는 사람이나 자기의 기호에 맞는 사람만을 사랑한다면 그가 아무리 울면서 주님께 사랑을 고백해도 그것은 자기 착각일 뿐 실제로 그가 주님을 사랑하는 것은 아닙니다.

자기의 성향에 따른, 자기와 관련된 사랑은 자기 사랑의 연장이며 주님 사랑과는 아무런 관련이 없는 것입니다. (마5:47)

그러므로 오히려 그 사랑은 죽어야 하며 자기와 관련이 없는 자기 체질도 아닌, 자기 자신이 도저히 할 수 없는 사랑을 주님께서 우리 안에 일으키시는 것입니다.

어떤 사람은 다른 사람에게 분노를 터트리고 남의 가슴에 많은 상처를 입힌 후에 조금 후 흥분이 가라앉으면

'다, 너를 생각하기 때문이야. 나 같으면 괜찮아. 하지만 남이 뭐라고 하겠어? 너를 생각하기 때문에 이런 얘기 하는 거야.' 라고 말합니다.

그러나 그것은 사랑이 아닙니다. 미안하다고 사과를 하든지, 아니면 침묵을 하는 것이 낫습니다.

죄와 잘못을 합리화시켜버리면, 그때는 체면이 설지 모르지만 악성이 굳어져버리게 되어 회개의 영이 소멸되며 마귀의 손에서 결코 벗어날 수 없게 되는 것입니다.

주님의 음성을 듣는 것에도 이 원리가 적용됩니다. 사람을 사랑하지 않는 사람이 주님을 사랑한다고 할 수 없는 것처럼, 사람의 음성을 잘 듣지 못하는 사람은 하나님의 음성도 들을 수가 없습니다. 보이는 사람의 음성도 듣지 못하는데 어떻게 보이지 않

은 하나님의 음성을 듣겠습니까?

쉽게 하나님의 뜻을 들먹이는 사람이 있습니다. 그들은 이것이 하나님의 뜻인데 왜 하지 않느냐고 말합니다.

나는 그런 사람들을 두려워합니다. 할 수 있는 한 나는 그들에게서 도망갑니다. 나는 그들과 같이 있으므로 같은 심판을 받는 것이 두렵기 때문입니다.

일반적으로 사람들은 다른 사람들의 이야기를 잘 듣지 못합니다. 나는 영적 지도자일수록 신앙의 경력이 오래된 사람일수록 사람들의 말을 잘 듣지 못하는 것을 많이 보았습니다.

그들은 가르치고 지시하는 것을 좋아합니다. 그러나 상대방의 이야기는 잘 듣지 않습니다. 그들은 아무리 기도를 많이 한다 해도, 그들의 지위가 아무리 높다고 해도 그들은 주님과 가까이 교제하는 이들이 아닙니다.

우리는 듣는 것을 배워야 합니다. 남편이 말할 때 아내가 돌아다니면서 "말해요. 듣고 있어요." 해서는 안 됩니다. 아내가 말을 하는데 남편이 신문을 붙들고 있거나, TV에 주목을 하고 있어서는 안 됩니다. 이들은 듣기의 기본을 모르고 있는 것입니다.

가능하면 자연스럽게 상대방을 응시하십시오. 그리고 상대방의 언어에 최대한 집중하십시오. 그들의 말을 놓치지 않도록 그들의 마음과 의도를 놓치지 않도록 주의하면서 들으십시오. 이야기를 잘 듣고 경우에 합당한 대답을 할 수 있도록 노력하십시오. 그러나 보통은 그저 관심을 기울이고 듣는 것만으로도 충분합니다.

다른 이의 말을 주의 깊게, 진지하게 듣는 사람은 상대방에게 기쁨을 주는 사람입니다. 반대로 다른 이의 말을 소홀히 하고 무시하는 사람은 자신이 의도하지는 않았을지라도 상대방에게 상처를 주게 되는 것입니다.

서로의 인격을 존중하고 배려하는 아름답고 진지한 대화, 진지한 듣기.. 이것을 집에서부터 훈련하십시오. 그것은 곧 천국의 훈련입니다.

이것을 배우자와 연습하고 아이들과 같이 연습하십시오. 아이들이 말할 때 그들의 눈동자를 사랑스럽게 지켜보면서 미소를 띠우며 충분히, 충분히 들으십시오.

바쁘다고 그들을 함부로 물리치지 마십시오. 이것은 당신의 삶에 있어서 가장 중요한 일일수도 있습니다.

아이들이 말할 때 그들의 말에 동참하며 필요하다면 그들의 말을 보충해 주십시오. 이렇게 잘 들으며 교제할 때 당신은 깊은 행복과 사랑의 환희를 경험할 수 있게 될 것입니다.

부디 이 듣기를 훈련하십시오. 그것은 우리에게 행복을 줍니다. 우리는 사람들의 이야기를 잘 들을수록 하나님의 음성을 잘 듣게 되며 하나님의 음성을 잘 듣게 될수록 사람의 말도 잘 듣게 됩니다.

하나님의 음성을 기다리면서 사람의 말을 무시하지 마십시오. 하나님은 사람을 통해서 말하실 수 있습니다.

하나님께서는 지혜롭고 뛰어난 사람을 통해서만 말씀하시는 것이 아니며 약하고 부족한 사람을 통해서도 얼마든지 말씀하실 수 있습니다. 그러므로 사람의 말을 무시하는 이들은 하나님의 음성을 놓칠 수도 있는 것입니다.

잘 듣게 되면 우리는 잘 이해하게 되고 우리는 사랑할 수 있게 됩니다. 듣지 않으면 상대와 아무리 많이 이야기해도 우리는 상대를 전혀 알 수 없습니다.

부디 듣는 것을 시작하십시오.
듣는 것을 훈련하십시오.
그것은 사랑의 시작이고
행복의 시작이며
또한 하나님의 음성을
듣는 기도의 시작인 것입니다.

59. 기도는 삶의 패턴을 결정합니다

어느 집사님의 가정에 심방을 갑니다. 나는 남집사님과 같이 앉고 곧 과일과 차가 놓입니다.

여집사님은 자리에 앉지 않고 계속 돌아다닙니다. 차분하게 같이 앉아서 대화도 나눌 수 있으면 좋으련만.. 그녀는 계속 움직입니다. 주방으로, 안방으로, 화장실로, 거실로.. 거칠고, 어수선하게 계속 들락거립니다.

특별히 하는 일은 없습니다. 그냥 돌아다닐 뿐입니다. 나는 그녀의 불안을 느낍니다. 심장의 고동을 느낍니다. 어색하고, 불안하고, 부자연스럽고, 어쩔 줄 모르는.. 그 안에서 움직이는 영을 느낄 수 있습니다.

돌아오는 길에 생각합니다. 왜 그녀는 그렇게 불안정할까요.

그녀는 기도를 많이 합니다. 새벽기도도 드리고, 기도를 자주 합니다. 그리고 말을 지나치게 많이 합니다.

나는 그녀의 기도패턴을 생각해봅니다. 그녀는 마구 소리를 지르면서 기도합니다. 박수를 치고 몸을 움직입니다. 좌우로 손을 흔듭니다. 그러나 조용한 기도는 하지 못합니다.

그렇게 활동적으로 몸을 움직이면서 하는 기도도 물론 필요합니다. 그러나 심령이 정화되고 잔잔해지기 위해서는 차분하고 부드러운 기도가 필요합니다.

기도의 패턴은 곧 생활의 패턴입니다. 인격의 패턴입니다.

기도가 요란하면 성격이 요란합니다.

기도가 깊으면 사람도 깊어집니다.

기도가 아름다우면 인품도 아름다워 집니다.

나는 언젠가 기도원에서 조용히 울면서 기도하는 여인을 본적이 있습니다. 그녀는 소리를 내어 우는 것도 아니고 한 손에 손수건을 들고 조용히 눈물을 계속적으로 닦아 내고 있었습니다.

눈물은 조용히 흐르고 그녀는 휴지를 예쁘게 접습니다. 그리고 다시 닦아냅니다. 눈물을 닦는 행동이 마치 예술과 같았습니다. 나는 그녀가 삶에 있어서도 진지하고 차분하며 안정적이고 아름다운 여인일 것이라고 생각합니다.

기도는 삶의 패턴을 결정합니다.

당신의 기도가 아름다워 질 때

당신의 삶도 역시 아름답게 될 것입니다.

60. 침묵기도는 자신을 보여줍니다

누군가가 물었습니다.
"왜 침묵기도를 훈련해야 하나요."
나는 대답합니다.
"여러 가지 유익이 있습니다."
그가 묻습니다.
"한 가지만 말씀해 보세요."
나는 그에게 이런 이야기를 했습니다.
침묵은 자신을 보여줍니다.
침묵하지 않고 말을 하고 있을 때, 잠잠하지 않고 행동하고 있을 때 그는 자신을 보지 못합니다. 그는 바깥의 환경과 일에 빠져 있을 뿐입니다.
그는 자신의 속에 어떤 것이 들어있는지 알지 못합니다. 그러나 행동을 멈추고, 언어를 멈추고, 생각을 멈추게 되면 바깥에서 벗어나 자신의 내면 상태가 보이기 시작합니다.
사람들은 자신이 얼마나 슬픈 사람인지, 화가 나 있는지, 절망해 있는지 잘 알지 못합니다.
다만 '환경이 나를 화나게 했어!' 하거나 아니면 '그 사람이 나를 열 받게 했어!' 라고 말합니다.
그러나 그것은 착각입니다. 그러한 반응들은 환경에 의해서 나오는 것이 아니라 그 사람의 속에 있는 것이 그를 화나게 하는 환경을 끌어당기는 것입니다.

분노의 영이 있는 사람은 조금난 자신의 뜻대로 일이 진행되지 않아도 분노하게 됩니다.

그는 생각할 것입니다. '세상에는 나를 분노케 하는 것이 너무나 많다!' 하지만 그것도 착각입니다. 분노는 세상에 있는 것이 아니라 자신의 속에 있는 것입니다.

염려의 영이 있는 사람은 어떠한 상황에서도 염려합니다. 그는 생각할 것입니다.

'세상사는 것은 너무도 피곤한 일이다!'

물론 그것도 역시 착각입니다.

어떤 사람들은 자신은 언제나 억울하다고 생각할 것이고 어떤 사람들은 계속 자기는 운이 없다고 할 것입니다. 어떤 사람들은 어떤 상황에서든지 인생은 비참한 것이라고 생각할 것입니다.

그들은 자신들의 그러한 영을 합리화시키기 위하여 자기의 경험을 예로 들 것입니다. 그러나 그들은 그들의 경험을 자신이 만든 것이라고는 생각하지 않을 것입니다.

주님께서 오실 때 그분은 당신의 속을 보여주십니다. 그분은 세상을 고치시지 않고 당신의 심령을 고치십니다. 그럴 때 비로소 당신은 새로운 창조를 경험하게 되며 동일한 세상을 다른 시각으로 변화된 시각으로 볼 수 있게 됩니다.

당신의 의식이 바깥 환경을 향할 때, 당신은 자신의 심령 속에 얼마나 많은 쓰레기들이 있는지 볼 수 없습니다. 그러므로 자기 안에서 올라오는 수많은 어두움들을 당신은 환경 탓으로 돌리게 됩니다. 그러나 모든 고통은 내부에 있는 것이지 외부에 있는 것이 아닙니다.

침묵은 그 문제들을 보여줍니다.
침묵은 당신의 속에 있는 것을 보여주는 것입니다.
침묵은 주님의 빛 속에서 자신의 정체를 밝혀줍니다.
그러므로 침묵은 우리를 탄식하게 합니다.
침묵은 우리로 구원을, 해방을 갈망하게 합니다.
침묵은 그 사람 자신입니다. 침묵은 모든 마스크를 벗깁니다.
당신이 말할 때 재미있고 침묵할 때 썰렁하다면 당신은 썰렁한 사람입니다. 당신이 웃으면 괜찮고 가만있으면 화가 난 듯이 보인다면 당신은 속에 분노가 쌓여져 있는 사람입니다.
침묵은 가장 깊은 형태의 대화입니다. 사랑하는 사람과 함께 있을 때 우리는 침묵으로 대화하는 것을 배워야 합니다.
침묵은 아무 것도 속이지 못하며 침묵의 소리를 들을 수 있는 사람은 지혜로운 사람입니다.
오직 말로써만 대화할 수 있다면 그것은 그다지 깊은 관계는 아닙니다. 같이 말할 때는 재미있고 침묵할 때는 그 침묵이 답답하다면 그것은 깊이 영이 연합된 관계는 아닙니다.
만일 당신들이 함께 있으며 침묵을 서로 감미롭게 누릴 수 있다면 당신들의 영은 깊이 서로 교통하는 것입니다.

침묵 기도의 유익이 너무나도 많지만
이것만으로도 충분하지 않을까요?
침묵은 외부를 차단하고 당신 자신을 드러내주며
해방을 갈망케 해주고 주님의 오시는 길을 예비합니다.
침묵은 영혼의 언어입니다.
당신도 침묵 기도를 배우십시오.
침묵 기도를 훈련하십시오.
이것은 결코 쉬운 기도는 아니지만
당신이 이 기도의 맛을 경험하게 될 때
당신은 새로운 영역으로 들어가게 될 것입니다.

61. 기도의 대화는 임재 후에 옵니다

우리 집 꼬마 아가씨 예원이가 세 살일 때 아내가 3박 4일 동안 큰 아이를 데리고 기도원에 가서 집을 비운 적이 있었습니다. 나는 사정이 있어서 집에 남았는데 아내는 예원이를 안양의 외삼촌 집에 맡겼습니다. 내가 아이를 데리고 있으면 아마 굶겨 죽이지 않을까 걱정이 되어서일 것입니다.

하지만 나는 하루만 애들을 보지 않아도 아이들이 눈에서 가물가물하는데, 삼일동안 애들을 못 보게 되니 견디기가 몹시 힘이 들었습니다. 끔찍했던 3일이 간신히 지나고 아내와 주원이는 돌아옵니다. 이산가족의 눈물의 상봉을 한 후에 나는 맡겨둔 예원이를 찾으러 안양으로 떠납니다.

버스를 타고 가면서 내 마음은 예원이 생각으로 꽉 찹니다.

얘가 아빠를 보면, 어떻게 반응할까? 아빠! 하고 뛰어오겠지? 그리고 와락! 안기겠지? 나는 기대감으로 가득해서 딸을 찾으러 갑니다.

드디어 나는 안양의 외삼촌 집에 도착합니다. 그리고 예원이를 만납니다. 아니, 그런데! 이게 웬일일까요? 예원이가 아빠를 물끄러미 바라보고만 있을 뿐입니다. 나는 놀라서 묻습니다.

"예원아, 왜 그래? 어디 아파? 아빠 안 보고 싶었어?"

하지만 예원이는 아무 말도 하지 않습니다.

그녀는 두 살 때부터 못하는 말이 없었고, 하루 종일 아빠 옆에 붙어서 수다가 멈출 때가 없었는데, 이게 웬일일까요?

'며칠동안 이 집에서 되게 혼이 난 것은 아닐까?' 별의 별 생각이 다 떠오릅니다. 예원이는 여전히 아무 말 없이, 아무런 표정의 변화 없이 아빠에게 다가와 안기더니 아빠의 목에 가만히 매달려 있습니다.

감사를 표하고 인사를 마친 후에 나는 예원이를 데리고 버스를 탑니다. 예원이는 여전히 아무 말도 없이 마치 코알라와 같이 아빠의 목에 팔을 두르고 달라붙어서 요동도 하지 않습니다.

나도 이제는 아무 말 없이 예원이를 꼬옥 안아주고 있습니다. 그렇게 30분이 지났습니다.

그런데 예원이가 갑자기 말을 시작합니다. 30분이 지나고 나자, 이 아가씨가 다시금 시끄러워지기 시작한 것입니다. 그녀는 열심히 쫑알거리며 이야기를 하고, 장난을 치고, 본래의 예원이로 돌아갔습니다. 이게 도대체 웬일일까요?

나는 잠시 생각을 해보았습니다. 그리고 깨닫게 되었습니다.

예원이는 3일 동안 아빠의 임재에 굶주려 있었던 것입니다. 그녀는 아빠와 대화를 시작하기 전에, 먼저 아빠의 품이, 아빠의 에너지가 필요했던 것입니다. 그러다가 이제 아빠의 에너지가 어느 정도 충전이 되자, 배가 부른 그녀는 아빠와의 장난을 시작하게 되었던 것입니다.

나는 기도를 할 때에 이와 비슷한 경험을 많이 해본 적이 있었습니다. 기도를 시작했을 때, 너무 힘들고 지쳐서 아무 말도 할 수 없을 때가 있었습니다. 그럴 때에 나는 아무 말도 하지 않고 조용히 주님 앞에 엎드려 있습니다. 그런 상태로 10분, 20분, 30분 하나님의 임재 속에 머물러 있으면 나는 비로소 말을 할 수 있고, 웃을 수도 있으며 주님께 사랑과 감사의 고백도 할 수 있는 에너지를 얻었던 것입니다.

우리가 기도를 시작할 때 만약 오랜만에 기도하는 것이라면, 그리고 우리가 많이 지쳐있는 상태라면 우리는 조용히 하나님의 임재를 기다리는 것에서부터 기도를 시작해야 합니다.
  10분, 20분, 30분쯤 시간이 흘러 충분히 하나님의 임재가 다가오고, 우리에게 영적인 에너지가 충전이 되면 우리는 주님과 많은 이야기를 할 수 있을 것입니다.
  처음부터 많은 이야기를 하려고 하지 마십시오. 말이 막 나오는 것을 굳이 막을 필요는 없지만, 말이 잘 나오지 않을 때 억지로 짜내어서 하려고 하지는 마십시오.
  그저 조용히 주님을 기다리십시오. 그러면 주님께서 조용히 오셔서 당신을 도와드릴 것입니다.
  그분의 품에 안기십시오.
  그분의 목에 매달려 있으십시오.
  충분히 안식이 오고 충분히 배가 불러올 때까지
  그분 앞에 머물러 계십시오.
  그것이 기도의 원리이며 기도의 요령인 것입니다.

62. 기도의 언어를 훈련하십시오

　주님은 왕이시며, 하나님이십니다. 우리가 기도할 때 우리는 그 놀라우신 분 앞에 있는 것입니다. 그러므로 우리는 예의를 잘 갖추어야 하며 언어의 사용과 선택을 조심해야 합니다.
　어떤 이들은 언어의 선택과 사용을 너무 함부로, 거칠게 합니다. 어떤 이들은 언어의 사용이 너무 형식적이며 습관적입니다. 그러한 언어를 사용하는 기도는 사랑의 주님과 교제하는 자세가 아닙니다. 언어의 부주의한 사용은 영혼을 아프게 하는 것입니다.
　그러므로 우리는 기도를 할 때 영혼의 섬세함이 손상되지 않도록 조심스럽게 상황에 적합한 언어를 찾기 위해 노력해야 합니다. 기도를 시작하기 무섭게 피스톤처럼 말이 쏟아져서는 안 됩니다. 그러한 이들은 경솔하게 기도하고 있는 것입니다.
　나는 어떤 예배 인도자가 통성 기도를 인도하면서 입으로는 '주여, 믿습니다. 주여, 믿습니다.' 하면서 손으로는 헌금 봉투를 정리하고 찬송가책을 넘기는 것을 보았습니다.
　그러한 것은 좋은 기도 자세가 아닙니다. 기도 인도자도 진지하게 주님께 기도를 드리는 자세로 기도해야 합니다. 기도의 분위기를 내기 위해서 배경 음으로 '주여.. 주여..' 하는 것은 좋지 않습니다.

우연히 어느 기도원에서 동기 목사님들을 만나게 되어 그들과 같이 그룹으로 모여서 통성 기도를 할 기회가 있었습니다. 그들은 나에게 영성의 원리에 대해서 조금 배우고 아직 방언을 하지 못한 이들은 받으려고 하였습니다.

나는 기도와 영성의 원리에 대해서 설명하기 전에 먼저 간단하게 기도하고 시작하자고 하고 몇 분 정도 같이 통성 기도를 하고 있었는데 그들의 기도 발음을 듣고 나는 아주 놀랐습니다.

그들은 하나같이 이빨이 빠진 것 같은 묘한 목소리로 '주우여 허..' '하으아아버쥐이..' 그런 식의 묘한 발음으로 기도를 하는 것이었습니다. 어떻게 해서 그러한 패턴의 기도가 습관이 되었는지는 모르지만, 그것은 좋지 못한 습관입니다.

나는 기도를 중단시키고 바른 발음으로 기도하도록 수정을 시켰습니다. 그리고 그들에게 기도의 습관을 바꾸도록 권면하였습니다. 그들이 기도의 발음과 태도를 바꾸고 주님께 간절하게 기도할 때 주의 영이 임하셨으며 방언을 하지 못하던 이들은 방언을 하게 되고 여러 은사들이 임하게 되었습니다.

기도할 때 적절한 언어를 선택하십시오.

언어가 잘 떠오르지 않는다면 천천히 생각하면서 기도하면 됩니다. 기도를 천천히 해도 아무도 뒤에서 쫓아오지 않습니다.

기도를 할 때 침묵과 여백이 있을 때 그 여백을 두려워하지 마십시오. 천천히 해도 기도가 떠오르지 않는다면 기도를 중단하거나 기다리고 있으면 됩니다.

한 단어, 한 단어를 사용할 때 단어마다, 문장마다에 당신의

마음을 쏟으십시오. 공예가가 전심을 기울여 도자기를 만들 듯
이 당신이 사용하는 기도의 언어에 당신의 영혼을 불어넣으십시
오.
 처음에는 어렵겠지만 조금씩 당신은 기도가 쉬워질 것이며
기도의 맛을 경험하게 될 것입니다.
그리고 서두르지 않게 될 것입니다.
당신은 점차 언어에 마음을 싣는 법을 배우게 될 것이며
중언부언하지 않게 될 것입니다.
사랑스럽고 사려 깊은 태도로
조심스럽게 하나 하나의 단어를 사용하여
우리의 구세주께 우리의 마음을 고백하는 것, 쏟아 붓는 것
그것은 진정 아름다운 행복입니다.
아름다운 기도의 언어를 사용하는 것,
그것은 당신의 노력만큼 주어지는
하나님의 선물입니다.
당신이 기도의 언어에 당신의 마음을 실을수록
당신은 주님의 은총과 주님의 마음을
경험할 수 있게 될 것입니다.

63. 기도의 언어에 당신의 진심을 담으십시오

사람의 영혼은 침묵으로 표현되기도 하고 표정을 통해서, 또는 행동을 통해서 표현되기도 하지만 가장 많이 표현되는 방법은 언어를 통한 것입니다.

영혼의 갈망이 언어로 표현되지 못할 때 영혼은 묶이고 억압되며 영혼 속의 깊은 마음속에 있는 생각들을 진실한 입술로 표현할 수 있을 때 영혼의 샘은 흘러나오게 됩니다. 그러므로 진심이 담긴 따뜻하고 아름다운 언어는 듣는 자와 말하는 자의 영혼을 다 같이 아름답고 풍성하게 만들어 주는 것입니다.

그러나 우리의 언어가 속의 마음과 반대되는 말을 할 때 마음에 없는 말이나 거짓된 말을 할 때 영혼은 고통을 겪게 되며 점차 영혼은 고통을 견디기 위하여 감각을 잃어버리게 됩니다.

그 결과로 영혼은 마비되는 것이며 이렇게 영의 감각이 마비되면 선과 아름다움이 점차로 사라지게 되며 어두움과 죄와 악에 대하여 둔감해지므로 점점 강퍅하고 사나우며 경직된 사람이 되어 버리고 마는 것입니다.

우리의 언어가 진정 우리의 원하는 것을 반대로 말할 때 그것은 영혼에게 많은 혼란을 줍니다. 속으로는 어떤 것을 간절히 바라면서도 그것에 대해서 관심이 없는 듯이 말하기도 합니다. 어떤 이들은 전혀 마음에도 없는 내용을 듣는 사람을 위하여 기도

합니다. 그러한 것은 사소하게 보이지만 당신의 영혼에 중대한 문제를 일으킬 수 있습니다.

살인자, 간음자, 사악한 사람들보다 더 영적으로 어둡고 혼미한 사람들은 겉과 속이 다른 위선자들입니다. 주님은 세리와 창기는 받아주셨으나 이처럼 겉을 꾸미는 위선자들은 심하게 꾸짖으셨습니다. (마23:1-36)

세리와 창기의 악은 드러났지만 바리새인과 같은 위선자들은 거짓으로 자신을 포장합니다. 그리하여 스스로 기만에 빠져 자신을 실제로 경건한 사람으로 착각합니다. 그러나 그것은 영혼을 거스르고 마비시키는 것입니다. 그러므로 그들은 천국의 빛 가운데로 나아갈 수가 없는 것입니다.

당신이 맑은 영혼을 소유하기 원하며 천국의 빛 가운데로 나아가기 원한다면 당신은 언어를 조심해야 합니다. 마음에 없는 말을 해서는 안 됩니다. 중심에 원하는 것만을 말하고 그럴 수 없을 때는 침묵해야 합니다. 기도할 때도 당신은 오직 당신의 중심에 있는 간절한 것을 입술로 구해야 합니다.

당신의 기도가 속마음과 일치하게 하십시오.
당신의 모든 언어에 당신의 중심이 실리게 하십시오.
마음에 없는 것을 기도하지 마십시오.
당신의 언어가 진실로 가득할수록
당신의 기도는 천국의 빛에 가까이 갈 수 있게 될 것입니다.

64. 기도는 인격입니다

　기도는 인격입니다. 그것은 테크닉이나 방법론이 아닙니다. 인격이 발전해 갈수록 기도도 발전해 갑니다. 교제도 인격입니다. 단순히 같이 모여서 노는 것이 아니지요. 식사도 인격입니다. 그냥 밥만 먹는 것이 아니지요. 식사를 하면서 교제를 나누고 많은 것을 나눕니다. 인격이 발전해야만 밥도 잘 먹을 수 있습니다.

　오래 전 어떤 목사님께서 식사를 대접한다고 하더니 나에게 묻지도 않고 보신탕집으로 데려가는 것이었습니다. 그것은 정말 황당한 경험이었습니다. 나는 모든 음식을 좋아하지만 개는 싫어합니다. 다른 분들이 드시는 것을 뭐라고 할 생각은 없지만 나는 먹고 싶지 않았습니다. 그분은 자신이 좋아하는 것은 당연히 모든 사람들이 다 좋아할 것이라고 생각했을 것입니다.

　그것은 아직 영이 어린 것입니다. 영이 어린 사람은 다른 사람의 마음이나 성향을 이해할 수 없으며 본의는 아니지만 항상 남에게 상처를 주게 됩니다.

　싸우는 것은 악해서가 아닙니다. 어리기 때문입니다. 남에게 상처를 주는 사람도 나쁜 사람이라고 할 수는 없습니다. 그는 결코 악의는 아닐 것입니다. 누가 고의로 남을 때리겠습니까?

　그것은 그저 어리기 때문입니다. 어린아이가 칼을 가지고 있으면 어쩔 수 없이 많은 사람이 다치게 되는 것입니다.

성적교류도 인격입니다. 그것은 단순한 호르몬의 교환이 아닙니다. 그것은 사랑하는 배우자에 대한 섬김이며, 헌신이며, 애정의 표현입니다. 그것은 부드러워야 하고 아름다워야 하며 사려 깊어야 합니다.

그러므로 깊은 영혼의 연합과 인격의 성숙이 있을 때 바른 성애를 나눌 수 있습니다. 어린 사람은 오직 자신의 즐거움을 위해서 상대방을 이용할 뿐이며 그러한 단순한 이기심의 발로는 상대에게 상처를 줄 뿐 입니다.

기도도 마찬가지입니다. 아직 영이 어린 사람은 주님의 마음을 이해할 수 없으며 오직 자신의 소원과 욕심을 이루기만을 원합니다. 그는 모든 것을 자기 마음대로 하며 자신의 뜻대로 되지 않는다고 원망하고 불평하며 하소연합니다. 그는 비록 악하지는 않을지 모르지만 아직 어립니다. 그러므로 많은 시간을 기도한다고 해도 충분히 주님과의 깊은 교제 속으로 들어가지 못하는 것입니다.

우리의 인격은 자라가야 합니다. 밥을 잘 먹기 위해서, 사랑을 잘하기 위해서, 사람들과 좋은 관계를 맺으며 영혼을 잘 돌볼 수 있도록, 그리고 무엇보다도 주님과의 관계를 잘 형성하며 아름다운 기도를 드릴 수 있도록 우리의 인격은 성장해야 합니다.

기도는 곧 인격입니다. 인격이 성장할수록 우리의 기도도 성장하게 될 것입니다.

65. 인간관계가 기도에 영향을 줍니다

　인간관계가 막혀 있는 사람이 기도를 잘 드리는 것은 어려운 일입니다. 우리는 주님께서 허락하지 않는 한 사람과의 관계가 막혀서는 안 됩니다. 주님께서는 예물을 제단에 드리다가 형제에게 원망을 들을 만한 일이 있는 줄 생각나거든 예물을 제단 앞에 두고 먼저 가서 형제와 화목하고 그 후에 와서 예물을 드리라고 말씀하셨습니다. (마5:23,24)
　기도를 드리는 중에 갑자기 형제에게 상처를 준 것이 생각나는 것은 성령의 역사입니다. 그것은 사람에게 잘못 행한 것이 주님 앞으로 가까이 가는 데에 장애물이 되기 때문입니다. 그러므로 성령께서 그 장애물을 제거해야 할 것을 깨닫게 해주시는 것입니다.
　우리 집에 잠시 기거하던 친척 분에게 예수의 복음을 전했습니다. 그런데 그가 믿은 지 불과 얼마 되지 않았을 때 성경을 읽다가 밤에 외출을 하는 것이었습니다. 내가 의아해서 물었습니다.
　"형님. 이 밤에 어디를 가십니까."
　그는 대답합니다.
　"누구에게 서운하게 한 것이 생각났어. 그에게 사과하러 가야 해."

나는 놀랐습니다. 나는 그에게 주님께서 은총을 베푸시고 있다고 느꼈습니다.

어떤 이들은 남에게 심한 말을 하거나 심한 행동을 하고도 태연하게 주님께 기도를 합니다. 누가 봐도 잘못한 일인데 신앙이 좋다고 자부하는 사람이 그러한 문제를 해결하지 않고 전혀 거리낌 없이 기도하기도 합니다.

사역자들이 아내와 가족들에게 친절하게 대하지 않고 그들을 섬기지도 않으며 상처를 주면서도 태연히 말씀을 전하며 태연히 기도하는 일도 있습니다.

그러나 그러한 상태에서 전하는 말씀은 죽은 말씀이며 그러한 상태에서 드리는 기도는 기도의 외형만 가지고 있을 뿐 실제적인 기도가 아닙니다. 그러한 기도에는 주님이 임하시지 않으며 그러므로 참된 기도에 따르는 기쁨과 행복을 경험할 수는 없는 것입니다.

가까운 사람들에게 사랑스럽게 대해주지 않으면서 친절하게 섬기지 않으면서 주님과 친밀하게 지내는 것은 불가능한 일입니다. 왜냐하면 주님은 사랑의 하나님이시기 때문입니다. 그분은 우리만을 특별하게 사랑하시는 것이 아니라 다른 이들도 사랑하시기 때문입니다. 만약 그분이 우리에게 특별한 은혜를 주셨다면 이는 우리만을 위한 것이 아니라 우리를 통해서 다른 이들을 축복하시기 위한 것입니다.

사람들에게 잘 대해주십시오. 당신이 잘못한 것이 있다면, 기도하기 전에 먼저 그들에게 사과하십시오.

그들에게 용서를 받지 못하며 좋은 관계를 가지지 못한다면 당신은 아무리 많이 기도를 드린다고 하더라도 주님께 가까이 나아가지 못할 것입니다.

당신이 마음을 열어도 마음을 열지 않는 사람들에 대해서는 주님께 맡기십시오. 그러나 그렇지 않은 사람들에게는 당신이 먼저 마음을 열어야 하며 당신이 잘못한 관계에 대해서는 당신이 그것을 해결해야 합니다. 그 후에야 당신은 주님께 나아갈 수 있습니다.

인간관계는 기도의 시작입니다. 인간관계는 주님 사랑의 시작입니다. 당신이 기도의 세계에서 성장하기를 원하고 주님께 가까이 나아가기를 원한다면 이것을 결코 소홀히 하지 마십시오.

자기의 좋지 않은 성품을 합리화시키지 마십시오. 남들에게 무뚝뚝하게 대한 후에 '나는 성격이 원래 그래!' 라고 말하지 마십시오. '나는 굽실거리는 것은 죽어도 못해.' 하고 말하지 마십시오. '나는 마음에 없는 말은 못해.' 하고 말하지 마십시오. 당신을 변화시켜달라고 주님께 기도하십시오. 주님의 온유와 친절함을 달라고 겸손하게 요청하십시오.

주님께 좀 더 가까이 나아가기 위해서 바른 인간관계를 맺으십시오. 따뜻하고 아름다운 인간관계를 맺는데 발전할수록 당신의 기도는 발전하며 좀 더 주님 앞으로 가까이 나아갈 수 있게 될 것입니다.

66. 기도는 혼자 있음을 행복하게 해줍니다

혼자 있을 때 행복한 사람이 진정 행복한 사람입니다. 사람들은 다른 이들과 같이 있을 때 의식적으로나 무의식적으로 자기를 꾸미게 되어 진실한 자신을 발견하기 어렵습니다.

혼자 있을 때 자신을 발견하게 되고 혼자 있을 때 속에 있는 것들이 나옵니다. 혼자 있을 때 따분하고 외로우며 괴롭다면 그러한 이들은 속에 무엇인가 아픈 것이 있는 것입니다. 그들은 외로움과 답답함을 피하여 사람을 찾고 바깥으로 나가며 흥미 거리를 찾지만 그들의 영혼은 여전히 답답하고 외로운 상태로 있을 것입니다. 주위에 사람들이 사라지고 그들이 몰두하고 있는 일을 멈출 때 그들은 다시 공허함과 외로움에 잠기게 될 것입니다.

어느 정도 기도를 배우고 경험하며 당신의 내면이 주님을 실제로 경험하게 된다면 당신은 혼자 있음을 즐기게 될 것입니다.

당신은 이제 주님과 같이 있는 것이 세상의 그 어떤 것보다도 당신의 심령을 행복하게 한다는 것을 경험하게 됩니다.

이제 당신은 혼자 있어도 행복하고 다른 사람들과 같이 있어도 행복하게 됩니다. 그리하여 혼자 있을 때는 주님을 누리며 다른 이와 같이 있을 때는 그에게 주님을 나누어주게 될 것입니다.

67. 기도의 막힌 곳을 뚫으십시오

아들 주원이가 뭔가를 잘못했습니다. 나는 큰소리로 야단을 쳤습니다. 그러나 나의 야단침은 순수하지 않았습니다. 거기에는 아들의 잘못과 상관없는 나의 분노가 들어가 있었습니다. 소리친 시간이야 불과 몇 분이었지만 그것은 나의 영혼에 깊은 상처를 주었습니다.

사실 모든 상처는 자기 자신이 자기에게 준 것입니다. 상처는 결코 밖에서 오는 것이 아닙니다. 밖에서 오는 환경에 대하여 내가 잘못 반응할 때 그것이 자신에게 상처가 되는 것입니다. 그러므로 상처의 치유는 자신의 잘못에 대한 반성이 없이는 결코 아물어지지 않습니다.

잠시의 시간이 흐르고 나는 자신이 흥분했었음을 깨닫습니다. 나는 주원이를 불러서 이야기를 합니다.

"주원아, 아빠가 왜 야단을 쳤는지 알아?"

내 영혼이 답답해집니다. 내 영혼은 내가 잘못을 시인하지 않고 적당히 잘못을 합리화하여 양심의 가책에서 벗어나려 하는 것을 잘 알고 있습니다.

"주원아, 남자가 그래서는 안 되는 거야."

속에서 내 영혼이 '위선자!' 라고 말합니다.

"주원아, 너 또다시 그런 행동을 하겠니?"

내 영혼이 말합니다. '너 빨리 회개 안 할래?
더 이상 견딜 수가 없어서 나는 굴복합니다.
"주원아, 미안하다. 사실은 아빠가 잘못 한 거야.. 아빠가 괜히 화를 냈구나. 그렇게 화를 낼 필요가 없었는데.. 아빠가 잘못했다. 아빠를 용서해 주겠니? 예원아, 너도 놀랬지? 아빠가 미안하다. 여보, 미안해요. 내가 이런 모습을 보여서.."

우리 가족들은 너무나도 착합니다. 그들은 다 나를 용서해 주었습니다. 이런 일이 여러 번 있었는데 그때마다 그들은 나를 용서해 주었습니다. 그것은 얼마나 감사한 일인지요. 왜냐하면 그들이 나를 용서하지 않는다면 나는 주님께 편안한 마음으로 나아갈 수 없기 때문입니다.

그러나 그날 밤 나는 잠을 이루지 못합니다. 아직도 양심의 가책이 충분히 해결되지 않았기 때문입니다.

나는 아이들을 사랑하지만 비교적 엄하게 가르칩니다. 아이가 태어나 돌 정도가 되면 나는 매를 들기 시작합니다. 돌 정도가 되면 아이들은 선악을 분별하기 시작하기 때문입니다.

그들이 어리기 때문에 하게 되는 여러 가지 실수들.. 유리컵을 깬다든지, 아빠의 책장 창문을 깨뜨린다든지, 아빠의 설교 노트를 모르고 찢었다든지, 아빠의 얼굴에 오줌을 싼다든지, (그런 일도 몇 번 있었지요) 그러한 일들은 징계의 대상이 되지 않습니다. 그러나 쓸데없이 고집을 부리는 것, 이유 없이 불순종하는 것, 욕심을 과도하게 부리는 것, 예의가 없는 것 등은 그냥 넘어가지 않습니다.

나는 몇 번 경고하고 듣지 않으면 징계를 합니다. 그리고 도수가 높아지면 나는 매를 듭니다.

나는 아이의 고집이 어릴 때 꺾이지 않으면 일생동안 악한 영들이 그를 붙잡고 괴롭힐 것을 압니다. 그러므로 악이 아이의 속에 자리를 잡지 못하도록 혼을 내줍니다.

오늘날 많은 부모들이 아이들의 건강이나 공부 등에는 많은 관심을 가지면서도 아이들의 버릇없음, 고집 부림, 욕심, 이기심들을 그대로 내버려둠으로서 지옥의 자식들을 만듭니다. 그러나 그것은 옳지 않은 것입니다. 그것은 부모로서의 직무 유기입니다.

나는 내 사랑하는 아이들을 마귀가 파괴하는 것을 결코 두고 볼 수 없습니다. 결코 악한 영들이 아이들의 속에 집을 짓고 사는 것을 내버려둘 수 없습니다. 나의 아이들은 주님의 것이며 잠시 내게 교육의 사명을 맡기신 것으로 언젠가는 내게 책임을 물으실 것이기 때문입니다.

나는 아이를 때립니다. 아이가 반성을 하도록 때립니다. 너무 가슴이 아프지만 그래도 때립니다. 맞는 아이보다 내 가슴이 훨씬 더 아프지만 그래도 나는 때려야 합니다. 아이의 고집이 꺾이고 악을 쓰던 울음소리가 차츰 구슬퍼지고 처량해질 때 나는 매를 중단하고 그를 안고 같이 웁니다. 그리고 그를 붙잡고 기도해 줍니다.

아이는 아빠가 자신을 사랑하는 것을 압니다. 그러나 또한 아빠가 죄를 너무나 미워한다는 것도 알게 됩니다. 이 집에서 살려면 고집과 반항은 아예 불가능하다는 것을 배우게 됩니다. 아이의 눈은 조금 전의 심술궂은 빛이 사라지고 다시 맑고 아름다운 눈으로 돌아옵니다.

 죄와 고집이 빠져나가고 아이의 영이 맑고 아름답게 되어서 아이와 사랑으로 하나될 때 그것은 얼마나 행복한 순간인지 모릅니다. 그래서 우리 아이들은 어릴 때부터 아빠에게 징계를 받으며 자란 것을 기뻐하며 자기들도 엄마, 아빠가 되면 아이들이 말을 듣지 않을 때 꼭 기도하면서 징계할 것이라고 합니다.

 아이를 혼낼 때 비록 고통스럽기는 하지만 양심의 가책을 느낄 때는 별로 없었습니다. 왜냐하면 자신이 잘 알기 때문입니다. 자기의 기분과 성질을 따라 때리면 때린 후에 결코 마음의 평안이 오지 않습니다. 그리고 기도를 하기가 어렵습니다.

 아이를 때리거나 야단친 후에 즉시 아이를 붙잡고 기도할 수 없다면 그것은 바르게 징계한 것이 아닙니다. 그런 징계는 하지 않는 것이 낫습니다. 그러나 주님의 인도하시는 분량 속에서 아이를 징계하면 때리고 나서 바로 안아줄 수 있고 축복해 줄 수 있습니다.

 나는 많은 어머니들이 아이들에게 화를 퍼붓고 나서 잠든 아이의 모습을 보면서 후회하는 것을 압니다. 그것은 그들이 육신 안에서 감정적으로 행동했기 때문입니다. 그들의 양심이 가책을 받기 때문입니다.

 이날 밤은 나도 그랬습니다. 나는 조금 전에 내가 화를 냈던 것을 생각하고 마음이 고통스러워 잠을 이룰 수가 없었습니다.

아이가 아빠를 용서하는 것을 알았지만 그래도 내 마음은 고통스러웠습니다.

나는 아이의 방으로 왔습니다. 아이는 벌써 잠이 들어 있습니다. 잠들어 있는 아이의 모습이 너무나 안쓰럽고 애처롭게 보입니다. 아이를 어루만지면서 아이를 위하여 기도하면서 나는 계속 눈물을 흘립니다.

"사랑하는 아들아. 정말 미안하다. 용서해다오. 좋은 아빠가 되고 싶은 데 그것이 정말 쉽지 않구나. 주님. 이 아이가 상처받지 않도록 도와주십시오."

나는 울면서 그 앞에서 기도합니다. 아침에 주원이가 깨었을 때 아내가 주원이에게 그 얘기를 해줍니다. 주원이는 또 웁니다. 그러면서 말합니다.

"아빠. 괜찮아요. 사랑해요. 아빠."

우리는 다시 행복해 집니다. 우리는 다시 포옹하며 천국을 느낍니다.

많은 사람들이 죄감이 부족합니다. 자신의 잘못을 대수롭게 여기지 않습니다. 다른 사람들의 잘못이나 죄에 대하여 예민한 사람일수록 자신에 대해서는 관대합니다. 그것은 어리석은 것입니다. 그러한 인식을 바꾸지 않을 때 그는 깊은 기도로 나아갈 수 없습니다. 그의 기도는 쉽게 막히며 깊은 은총의 세계에 이르지 못할 것입니다.

아내에게 친절하지 않은 많은 사역자들이 있습니다. 그들은 결코 주님께 깊이 나아갈 수 없을 것입니다. 가까이 있는 사람의 마음을 아프게 하는 사람은 결코 사랑의 주님께 가까이 갈 수 없습니다. 여성들은 마음이 여리고 약한 이들이 많이 있기 때문에 그들을 아프게 하는 것은 주님의 마음을 상하게 하는 것과 같은 것입니다. 주님은 여리고 약한 자의 편이기 때문입니다.

많은 잘못을 저지르면서도 용서를 빌지 않는 사람들, 그들은 과연 심판 날에 어떻게 될까요? 많은 목회자에게 고통을 안겨주면서 별일 아닌 것으로 여기는 사람들.. 자신이 받은 상처는 아주 오랜 세월동안 간직하면서도 자신의 잘못에 대해서는 합리화시키거나 단순한 실수로 생각하는 사람들.. 자신의 고통에 대해서는 민감하지만 남의 고통에 대해서는 아주 둔감한 사람들.. 그들이 기도를 많이 한다고 해서 과연 그 사랑의 주님께 가까이 나아갈 수 있을까요?

그럴 수 없습니다. 주님의 마음은 너무나 아름답고 맑으며 섬세하시기 때문입니다. 그러므로 그들은 몸은 비록 교회에 있으며 많은 시간을 기도한다고 해도 주님과 교통하기 어렵습니다.

기도는 솔직해야 합니다. 기도는 진실해야 합니다. 많은 사람들의 기도가 그 중심에서 막혀 있습니다. 그것은 막혀있는 많은 관계들이 회복되지 않았기 때문입니다.

자기 영혼의 맑음보다 자신의 명예와 체면을 더 중시하여 많은 잘못들을 시인하지 않고 용서받지 않았기 때문입니다. 그러나 잘못을 시인하지 않고 맺힌 것을 풀어놓지 않고는 아무도 그 거룩하신 주님께 가까이 나아갈 수 없습니다.

당신의 막힌 곳을 뚫으십시오.
당신의 잘못된 것을 시인하십시오.
아직 기회가 있을 때 미안하다고 말씀하십시오.
아직 육체가 있을 때에 용서해달라고 고백하십시오.
기회가 있을 때 그 기회를 놓치지 마십시오.
그렇게 기도의 막힌 곳을 온전하게 뚫을 때
당신의 기도는 사랑의 주님께로
더욱 더 깊이 다가갈 수 있게 될 것입니다.

68. 기도는 여행입니다 (1)

기도는 여행입니다.
우리는 기도를 통하여 모든 곳을 다 갈 수 있습니다.

우리는 지금 겟세마네의 밤으로 갑니다.
그리고 그곳에서 무릎을 꿇습니다.
그곳에 주님이 계십니다.
주님의 눈물이, 주님의 마음이
그곳에 있습니다.
주님은 거기서 애통하셨습니다.
호소하셨습니다.
처음으로 그분이 위로 받기를 원하셨을 때
거기에는 아무도 없었습니다.
주님이 손을 내어 밀었을 때
아무도 그 손을 잡아주지 않았습니다.
가까운 곳에 몇 명의 제자들이 잠을 자고 있었으나
그들의 마음은 주님과 멀리 떨어져 있었습니다.
그들은 깨우면 또 잤고, 깨우면 또 잠이 들었습니다.
주님께서 물으십니다.
너희는 나와 함께 잠시도 깨어있을 수 없느냐.

산 아래에서는 죽음이 다가오고 있습니다.
흑암이 다가오고 있습니다.
어두움의 시대가 오고 있습니다.
주님은 기도하십니다.
아버지여. 내 뜻대로 마옵시고
아버지의 뜻대로 하시옵소서.

이제 그는 철저히 혼자입니다.
그분이 치료해주셨던 모든 사람도
그분이 사랑해주셨던 모든 사람도
모두 제 길로 가버렸습니다.
다가오는 것은 모멸과 증오의 그림자일 뿐입니다.

아직도 그는 혼자입니다.
지금도 그분의 고독은 계속됩니다.
모두가 주님을 위로할 시간이 없습니다.
모두가 바쁘고, 바쁘고, 또 바쁩니다.
바쁜 것이 좋은 것 인줄 알고
한가하면 무능한 사람인줄 압니다.
세상의 썩어질 것들을 인하여
모두가 너무나 쫓깁니다.
그때나 지금이나
모두가 너무나 이유가 많습니다.

주여, 저는 장가들어야 하고..
또 소를 시험해봐야 하고..
주님과 함께는 장가갈 수 없을까요?
주님과 같이 소를 시험하면 안 되나요?
그것들은 다 핑계에 지나지 않는 것입니다.
진실은 진정으로 주님을 사랑하지 않는다는 것,
오직 그 한 가지 뿐입니다.

우리 모두 겟세마네의 밤으로 갑시다.
가서 아무런 이야기도 하지 말고
주님 옆에서 조용히 무릎을 꿇읍시다.
주님께서 나와 함께 깨어있을 수 없느냐 물으실 때
대답합시다.
주님. 제가 깨어있기를 원하나이다.
이 밤이 다가도록 주님과 함께 있겠습니다.
만약 할 수 있다면 이렇게 고백합시다.
주님. 당신을 사랑합니다. 영원히.. 그렇게 말입니다.

겟세마네의 밤으로 지금 가십시다.
그리고 다시는 그분을 놓치지 마십시다.
기도 - 그것은 여행입니다.
우리의 마음이 주님의 마음과 깊은 곳에서 만나는
아름답고 거룩한 여행입니다.

69. 기도는 여행입니다 (2)

우리 모두 마음을 다하여 놀랍고도 아름다운 여행을 합시다.
세상이 알지 못하는 보화, 그 영원한 반석,
비취보다 찬란한 주의 얼굴을 구하러 갑시다.
주님은 깊은 산 속의 백합화,
바위 틈 낭떠러지 은밀한 곳에 거하는 비둘기.
그분은 감추어져 있고 신비롭게 자신을 단장하신 분이니
우리 모두 그분의 신비 속으로 들어갑시다.

지금 곧 당신의 골방으로 들어가
세상으로 향하는 그 문을 닫으십시오.
T.V의 채널을 끄고, 읽던 책들을 내려놓고
전화기의 코드를 뽑고
사랑하는 이들과의 약속을 취소하고
주님의 놀라우신 그 품에 안깁시다.
주님은 세상과 함께 취할 수 없는 분
세상의 번잡함 속에서 주님을 누릴 수 없을 것입니다.
세상은 요란하고 화려하고 바쁘게 움직이지만,
그 세상의 문을 닫을 때
당신의 골방에는 고요함과 평안함이 임할 것입니다.

세상의 헛된 쾌락을 구하는 자에게
깊은 슬픔과 고통이 있으리니
그 즐거움은 잠간이요 죄책과 두려움은 영원할 것입니다.
잠시 맛보는 그 쾌락 속에서
당신의 영혼은 무디어지고
결국 악한 세력들에게 속게 될 것입니다.

오직 주를 구하여 그분의 광야로 갑시다.
낮에는 찌는 듯한 태양, 밤에는 영하의 추위.
그분이 머무셨던 광야의 골방으로.
주의 마음에 사로잡히며 그분의 향취를 마시고
당신의 영혼을 그분께 드리십시오.
그 기쁨의 향기가 당신의 영혼에 가득하게 될 때까지
그분의 옷자락을 놓지 마십시오.
당신의 이마가 그분의 발에
당신의 눈물이 그분의 발등에 흐르게 하십시오.
주님의 위로만이 가장 놀라운 축복.
온 세상의 보화와 비교할 수 없을 것입니다.

우리 모두 지금 광야로 갑시다.
골방으로 갑시다. 그리고 세상의 문을 닫읍시다.
오, 이제 주님께로 갑시다.

70. 기도는 여행입니다 (3)

아는 형제에게서 오랜만에 전화가 왔습니다.
"형님이세요? 접니다."
목소리가 다 죽어갑니다. 병으로 휴직을 하고 병원에서 치료를 받고 있는데 지금 너무 고통스럽다고 기도해 달라고 눈물을 반쯤 섞어서 이야기합니다. 어떻게 이 친구를 도울 수 있을까 생각하다가 좋은 생각이 났습니다. 그래서 그에게 말했습니다.
"형제님. 우리 재미있는 여행을 할까요?"
그가 대답합니다.
"무슨 여행이요?"
"기도의 여행을 하는 겁니다."
"기도여행.. 그거 좋은데요. 그런데, 어떻게 하죠?"
"시키는 대로 하면 됩니다. 상상의 기도를 하는 거예요. 요한복음 5장 알지요?"
"압니다. 베데스다 연못가 이야기죠."
"맞습니다. 거기로 여행을 가지요. 형제, 지금 누워 있나요?"
"예, 누워 있습니다."
"이왕 누워있을 것, 베데스다 연못에 가서 누웁시다. 지금 자신이 그곳에 있다고 생각하세요. 거기에는 많은 환자들이 있지요. 정말 실낱같은 희망을 가지고 수많은 병자들이 거기서 누워

있군요. 소경, 절뚝발이, 중풍병 환자, 다들 수척하고 비참한 모습입니다.

형제도 거기에 누워 있습니다. 오, 그런데 거기에 주님이 오시는 군요. 주님이 형제에게 가까이 오셨습니다. 그리고 형제에게 이렇게 말씀하십니다. 형제가 많이 아픈 줄 알고 말씀하십니다. 네가 낫고자 하느냐..”

나는 몇 번 반복하여 말합니다. 전화기 속에서 형제의 흐느껴 우는 소리가 들립니다. 나는 이야기를 계속 합니다.

"예수님께서 말씀하십니다. 일어나 네 자리를 들고 걸어가라. 그분은 잔잔하게 말씀하시고 있습니다..”

조금 시간이 흐르고 전화기 속에서 형제가 울면서 말합니다.

"형님, 나 다 나은 것 같아요. 몸이 아주 가볍고 힘이 나요.”

그의 죽어가던 목소리가 쌩쌩해져 있습니다.

"그래요? 정말? 와! 할렐루야!'

나는 이런 식으로 자주 말씀 속을 여행합니다. 그리고 기쁨과 행복과 힘을 얻습니다. 그것은 단순한 공상일까요? 아닙니다. 그것은 주님이 우리에게 은총을 베푸시는 하나의 형태일 뿐입니다.

기도는 여행입니다. 그것은 세상의 어느 여행과 비교할 수 없는 아름다운 여행입니다. 그것은 주님과 같이 걷는 아름답고 행복한 여행입니다.

71. 기도는 불 꺼진 창입니다

환하게 불이 켜진 창문보다 어둡게 불이 꺼진 창문이 기도에 가깝습니다. 온 가족의 화기애애한 웃음소리가 있는 가정보다 혼자 사는 외로운 할머니가 더 기도에 가깝습니다.

어두운 밤 불이 꺼진 창
보일러도 켜있지 않은 썰렁한 방
아무도 올 사람도 없고 오라는 곳도 없는 밤
쓸쓸하고 한적한 적막의 밤, 그 밤이 기도에 가깝습니다.
가족이 있는 아주머니는 남편과 애들과 저녁식사를 하고
혼자 사는 아주머니는 기도하러 교회에 갑니다.
어떤 이들은 현실의 삶이 행복하고
어떤 이들은 현실은 어렵지만
주님을 섬기고 기뻐하는 은총을 받았습니다.

기도는 불 꺼진 창입니다.
그러나 그 어둠 속에서
세상 빛이 아닌 주님의 광채가
기도하는 영혼을 아름답고 따뜻하게 비춰줍니다.

72. 기도는 소중한 관계를 일깨워줍니다

어떤 커피 광고에서 아주 인상적인 카피를 본 적이 있습니다. 이런 내용입니다.

'너무나 가까이 있기 때문에 그 소중함을 잊어버리는 존재가 있다. 아내 - 아내는 여자보다 아름답다.'

어떤 자매님께 이 멘트가 몹시 감동적이라고 했더니 의문을 제기합니다. "여자가 감동을 받아야지 왜 목사님이 감동을 받으세요?" 하고 말입니다. 하지만 저도 감동이 됩니다.

우리는 멀리 있는 사람만, 탤런트나 스타와 같은 우리와 별로 상관이 없는 사람만 좋아하고 가까이에서 나를 위해서 헌신하고 봉사하는 진정 소중한 사람의 가치를 잊고 있는 것은 아닐까요?

기도의 영이 열리고 우리의 영혼이 발전해 갈수록 우리는 우리의 주변에 있는 사람들을 사랑하게 됩니다. 그들의 은혜에 대하여 감사하고 친절하게 말하며 부드럽게 대할 수 있게 됩니다.

가족들을 섬기는 것은 주님을 섬기는 것입니다.

아내를 안아주는 것은 주님을 안는 것입니다.

아이들의 맑은 눈동자를 조용히 바라보는 것은

주님을 바라보는 것과 같습니다.

어른들께 잘하는 것은 주님께 경배하는 것과 같습니다.

우리가 이렇게 가까이 있는 것은

주님께서 우리를 만나게 하셨기 때문입니다.
그러므로 그들을 사랑하는 것은
주님을 사랑하는 것과 같은 것입니다.

누구보다도 더 우리와 가까이 있으면서
가장 무시당하고 버림받는 분이 계십니다.
그분은 우리의 주님이십니다.
우리는 주변 사람들에게 친절하게 대하는 이상으로
그분의 고독과 아픔을 헤아려야 합니다.
왜냐하면 그분은 버림받고 계시지만
그 사실을 인식하는 사람조차 별로 없기 때문입니다.

그분에게 친절하게 행동하십시오.
그분에게 바른 예의를 지키십시오.
그분을 함부로 거스르지 마십시오.
주님을 가장 아프게 하는 사람은
주님과 아주 멀리 있으면서도
자신이 가장 잘 믿고 있다고 착각하는 사람입니다.
가장 소중한 것, 소중한 관계를 일깨워주는 것..
그것이 바로 진정한 기도입니다.

73. 기도는 섬김입니다

 기도는 섬김입니다. 기도는 주님을 섬기는 것입니다. 기도는 주님의 눈물을 닦아드리고 주님의 아픔을 위로하며 주님의 소원과 주님의 분부를 듣고 느끼고 순종하는 것입니다.
 우리가 그렇게 주님을 섬길 때 우리는 사람들도 섬길 수 있게 됩니다.
 어느 후배 형제와 계단을 올라가고 있었습니다. 그런데 나는 걸어가고 있는데, 그 형제는 계속 뛰듯이 걷는 것이었습니다.
 이상해서 살펴보았더니 그 형제는 나에게 가운데 계단을 양보하고 자기는 변두리 계단을 차지하기 위해서 계속 뛰는 것이었습니다. 나는 아무 생각 없이 계단을 오르고 있었는데 형제는 나를 섬기기 위해서 열심히 뛰고 있었습니다.
 나는 생각했습니다. 이 형제는 섬김에 있어서, 영적 성숙도에 있어서 나보다 한 수준이 높은 사람이구나.. 하고 말입니다.

 한번은 어떤 선배 형님과 종로 5가를 걷고 있었습니다. 이분은 기도를 많이 하는 분이고 주님을 몹시 사랑하는 분이었습니다. 걷고 있는 데 길거리에서 어떤 분이 연극표를 나눠주고 있었습니다.
 길거리에서 이렇게 뭔가를 나눠주는 분들이 많이 있습니다.

어떤 분은 그것을 매몰차게 거절합니다. 필요 없으면 나중에 버리면 될 것을 왜 그리 무안하게 거절할까요. 하루 종일 거리에 서 있는 것이 얼마나 피로할 터인데요.

나는 그래서 주는 대로 받습니다. 그리고 그것을 준 분들이 보이지 않는 곳에서 살짝 쓰레기통에 버립니다. 전철의 노선표가 그려져 있는 표를 받으면 집에 와서 아이들에게 가지고 놀라고 주기도 합니다. 아들 주원이가 그런 것을 아주 좋아하기 때문이죠.

그런데 이 형님이 연극표를 받고 몇 걸음 가더니 그분에게 다시 돌아가서 연극표를 다섯 장을 더 달라고 하는 것이었습니다. 나는 그에게 물었습니다.

"형님, 연극을 좋아하세요?"

그가 대답합니다.

"아니요, 내가 그렇게 시간이 있나요."

그래서 나는 또 물었습니다.

"그러면 왜 연극표를 더 달라고 하셨어요? 필요도 없는데.."

그가 대답합니다.

"좀 위로가 되지 않겠어요? 날도 추운데.."

나는 생각했습니다.

'이 형님은 나보다 섬김의 수준이 높구나. 남을 배려하는 삶이 습관이 되어 있구나. 나는 많이 배워야 하겠구나..'

섬김도 수준이 있습니다. 어떤 이들은 섬김의 수준에 있어서 많이 발전하였으며 어떤 이들은 아직 어려서 다른 이들을 섬기는 것을 싫어하고 대접을 받는 것만을 좋아합니다.

어떤 이들은 별것이 아닌 것을 가지고 몹시 생색을 냅니다. 그에게는 섬김의 영이 없기 때문에 무엇을 조금 주어도 아주 아깝고 무엇을 조금 봉사해도 칭찬을 받지 않으면 몹시 억울하기 때문입니다. 이러한 이들은 섬김에 있어서 좀 더 자라가야 합니다.

기도는 섬김입니다. 기도는 사랑과 친절함으로 가득 하신 주님을 섬기는 것입니다.

그러므로 우리는 기도할수록 더 섬기고 싶어지며 다른 이들을 즐겁게 접대하게 됩니다. 그렇게 기도하며 섬길수록 우리의 영혼은 발전해 가고 사랑스러운 주님의 체취를 더욱 더 가까이 경험하게 되는 것입니다.

74. TV를 끄는 것이 기도의 시작입니다

어느 가정에 심방을 갑니다. TV가 켜져 있습니다. 내가 앉았어도 그들은 계속 TV를 봅니다. 나는 리모콘을 가져다가 TV를 끕니다. 잠시 침묵이 흐릅니다. 집사님이 다시 리모콘을 가져갑니다. 그리고 다시 TV를 켜면서 말합니다.

"목사님, 이건 참 재미있는 거예요."

잠시 있다가 나는 다시 리모콘을 가져 옵니다. 그리고 TV를 끕니다. 하지만 그는 계속 TV를 보고 싶어 합니다. 잠시 더 앉아서 얘기를 나누다가 나는 슬픈 마음으로 그 집을 나옵니다.

사람들은 TV를 참 좋아합니다. 그러나 TV를 보면서 동시에 주님과 교제하기는 어렵습니다.

TV는 잠시의 즐거움을 줍니다. 유쾌함을 주고, 정보를 줍니다. TV를 보고 우는 사람도 있습니다. 그러나 TV의 유쾌함은 허상에 지나지 않으며 결국에는 허탈감을 줍니다. 기도의 기쁨은 실상이며 영원히 사라지지 않습니다.

사람들은 TV의 정보를 몹시 의지하며 TV를 보지 않으면 시대에 뒤떨어진다고 몹시 걱정하지만 TV에서 가르치는 지식은 일시적이고 사람의 마음을 불안하게 하며 온전한 지식이 아닙니다. 그러한 지식은 시간이 조금만 지나면 가치 없는 지식이 됩니다.

그러나 기도 속에서 주님께 배우는 것들은 더욱 더 견고하고 완전한 지식입니다.

TV는 가족의 관계를 파괴합니다. 대화를 빼앗아가 버립니다.

요즘은 각 집에 방마다 TV가 있어서 각자 자기의 방에서 TV를 봅니다. 아빠는 뉴스를, 엄마는 드라마를, 아이들은 쇼를 봅니다. 그래서 핵가족의 핵분열을 일으킵니다.

그러나 온가족이 모여서 기도를 하면 거기에는 기쁨이 있고, 행복이 있습니다. 꼬마들이 하는 기도에 어른들은 배꼽을 잡지만 그래도 그들은 행복합니다.

TV는 사람을 로버트로 만듭니다.

사람들은 거기에 빠져 시키는 대로 따라 합니다. 웃으라면 웃습니다. 울리면 웁니다. 광고를 보고는 탐심에 빠집니다. 그래서 필요하지 않은 것을 사기 위해서 많은 대가를 치릅니다.

미스 코리아 대회를 보며 저 여자와 사귀어 보았으면.. 미남 탤런트를 보면서 저 남자가 내 남편이라면.. 그렇게 TV는 죄와 욕망을 일으킵니다.

TV가 시키는 대로 순종하지 말고 주님이 시키시는 대로 순종하십시오. 주님이 원하시는 대로 순종하며 주님의 종이 되는 것이 TV의 종이 되는 것보다 훨씬 행복하며 영원한 미래를 보장합니다.

집사가 TV를 보고 있을 때 목사가 슬그머니 사라지듯이 우리의 마음이 세상을 향하고 있을 때 주님은 조용히 떠나십니다.

그분은 진정한 왕이시기 때문에 그분을 존귀히 여기지 않는 곳에서 계속 머무르시지 않습니다.

주님을 존귀하게 여기십시오.
당신의 마음을 내면으로 향하게 하십시오.
기도의 시작, 그것은 TV를 끄는 것입니다.
세상에서 마음을 돌려
당신의 시선을 주님께 향하게 하는 것입니다.

75. 기도는 주님의 은혜를 사모하는 것입니다

아내와 사소한 다툼이 있었습니다. 나는 그녀를 불러 앉히고 차분하게 이야기합니다. 당신이 이런 부분에서 잘못했다고.. 이런 것을 조심해야 한다고.. 나는 설명합니다. 나는 성경도 인용합니다. 그녀는 미안하다고 사과하고 우리가 같이 기도한 후에 그녀는 밖으로 나갔습니다.

그런데 이상하게 뭔가 찜찜합니다. 왜 그런지 개운하지 않습니다. 나는 다시 주님 앞에서 기도를 합니다. 잠시 후에 주님께서 나의 잘못을 보여 주십니다. 아내가 잘못한 것이 아니고 내가 잘못했던 것입니다. 나는 다시 아내를 부릅니다. 상황을 설명하고 그녀에게 사과를 합니다. 조금 전에 풀이 죽었던 그녀는 금방 의기양양해집니다.

"거 봐요! 나도 그런 것 같더라니까."

그녀는 다시 밖으로 나가고 나는 혼자서 착잡해 집니다. 그녀와 내가 논리 싸움을 하면 항상 내가 이깁니다. 내가 좀 더 논리적이고, 합리적인 설명을 잘 하니까요. 이번의 일도 사실은 내가 잘못한 일이었는데 나의 지식 때문에, 나의 합리성 때문에, 성경 지식 때문에, 영적 경험 때문에 내가 이겼던 것입니다.

결국 나의 지식, 성경, 지혜, 논리, 그 모든 것이 주님을 드러내기 위하여 사용되는 것이 아니라 나 자신을 방어하기 위하여 쓰였던 것입니다. 나는 너무나 슬펐습니다. 내 지식이 주님을 십자가에 못 박을 수 있고 나의 행동을 합리화시키는데 사용될 수 있다는 사실이 너무 슬펐습니다.

목회를 하면 할수록 확신은 줄어듭니다. 전에는 굉장히 확신이 많았는데 이제는 확신이 별로 없습니다. 과거에 확신을 가지고 힘차게 외치고 선포했던 것들이 시간이 지나고 나면 옳지 않았던 것을 여러 번 경험합니다.

그러면 할 수 없이 저번엔 내가 틀렸다고 이야기 할 수밖에 없습니다. 조금 창피하기는 있지만 그래도 어쩔 수 없습니다. 지금 망신당하는 것이 영원한 곳에서 망신당하는 것보다는 나을 테니까요.

앞으로 얼마나 많은 실수를 할까요. 앞으로도 얼마나 많이 정답인줄 알았는데 틀린 답을 가졌음을 발견하게 될까요. 오직 주님의 긍휼을 사모할 수밖에 없습니다.

그래도 자신 있게 외칠 수 있는 것은 오직 주님이 사랑이시는 것, 우리는 그분 없이는 살수 없다는 것, 그분에게 미쳐버려야 한다는 것.. 그 정도가 아닐까요.

나의 남은 삶에서 사역에서 좀 더 덜 넘어지고 덜 실수하도록 나는 오늘도 기도 속에서 주님의 비춰주심을 기다립니다.

기도는 자신의 무지와 한계와 연약함을 처절하게 인식한 이들이 간절한 마음으로 주님의 은혜와 주님의 깨우치심을 사모하는 것입니다.

76. 죄의 고백이 기도를 깊게 합니다

영혼이 어릴수록 죄감이 없습니다. 영혼이 성장할수록 죄에 대하여 민감해집니다. 사도 바울은 자신을 가리켜 죄인 중의 괴수라고 합니다. 그분이 무슨 죄를 그렇게 많이 지었을까요.

성 프란치스코는 제자들이 자신을 항상 '죄 많은 분'이라고 불러주기를 원했습니다. 그는 기도할 때마다 죄를 고백하며 너무 많이 울어서 40세 때에 눈이 멀었다고 합니다. 그는 보통 사람들보다 죄를 아주 많이 지은 것일까요.

아닙니다. 거룩하신 하나님께 가까이 나아가는 사람은 그 앞에 가까워질수록 그분의 광채 앞에서 자신이 드러날수록 상대적으로 더러운 자신의 죄성들이 낱낱이 드러나고 느껴지게 되는 것입니다. 하나님과 멀어질수록 영혼은 어둡고 둔감해지고 강퍅해져서 자기 속의 죄가 도무지 보이지 않게 되는 것입니다.

기도가 답답하고 지루하게 느껴질 때, 기도가 별로 재미가 없고 감동이 없고 따분하게만 느껴질 때 당신의 죄를 주님께 고백해 보십시오.

세상을 사랑하는 것, 쾌락을 사랑하는 것, 인정받기를 좋아하는 것, 사명을 잃어버린 것, 은혜를 잃어버린 것, 감사할 줄을 모르는 것, 교만했던 것, 게으름, 자기 변호, 자기 연민, 억울해하는 것, 불친절했던 것, 가족들에게 짜증냈던 것, 무례했던 것, 등..

마음속에 떠오르는 죄를 한 가지씩 고백해 보십시오.

땅 속에 있는 고구마줄기를 잡아 다닐 때 고구마가 한 개씩, 한 개씩 딸려오는 것처럼 죄들의 목록은 계속 딸려 나오고 주님께서는 계속 당신이 지었던 죄를 생각나게 해주실 것입니다.

죄를 고백하는 가운데 주님께서 눈물을 주시면 우십시오. 그러나 억지로 울려고 하지는 마십시오. 무엇이든 자연스러운 것이 좋으며 어떤 경우에는 그저 깨닫는 것만으로 충분할 지도 모릅니다. 분명한 것은 죄를 고백하면 고백할수록 당신의 깊은 곳은 점점 더 시원해진다는 사실입니다.

혹시 기도는 답답하고 막혀 있는데 고백해야 할 죄가 잘 생각이 나지 않는다면 그냥 단순하게 '주님, 저는 죄인입니다. 죄인입니다. 못됐습니다..' 이렇게 그냥 반복하십시오.

이렇게 대충하는 회개의 기도도 진실된 마음으로 하는 것이라면 죄인됨의 시인에 속하는 것이며 그것도 영혼에 시원함이 임하는 것을 느끼게 될 것입니다.

날마다 회개를 생활화하십시오.
그리하여 당신의 삶에서 사탄의 권리를 제거하십시오.
당신이 성장해 갈수록 당신의 회개거리는 많아질 것이고
당신의 영혼은 맑아질 것입니다.
회개는 기도를 깊은 곳으로 이끌어 줍니다.
기도의 세계를 조금 경험한 사람은 회개의 즐거움을 알며
회개를 통하여 더 놀라운 천국의 기쁨을 맛보게 되는 것입니다.

77. 기도는 깨달음을 줍니다

내가 집에 있을 때 아내는 교회에서 전화로 집에 있는 어떤 물건을 가지고 오라고 부탁을 하곤 합니다. 내가 교회에 있을 때는 아내는 집에서 전화를 해서 교회에 있는 어떤 물건을 집으로 가져오라고 하곤 합니다.

나는 알았다고 대답을 합니다. 그러나 기도를 하다가, 어쩌다가 그것을 잊어버립니다. 아내는 그때마다 '아이고 저 건망중!' 하고 웃습니다. 이런 일이 많이 반복되자 나는 어느 날 주님께 기도를 드렸습니다.

"주님. 왜 저는 제 아내의 부탁을 자꾸 잊어버릴까요?"

그러자 즉시로 이런 느낌이 떠올랐습니다.

"네가 아내를 진심으로 사랑하지 않기 때문이다."

나는 즉시 반박했습니다.

"주님. 그럴 리가 있나요? 제가 아내를 얼마나 사랑하고 있는데요!"

또 다시 이런 느낌이 떠올랐습니다.

"진정한 사랑은 반드시 행위의 열매가 따른다. 너는 아내를 소홀히 여기고 있는 것이다."

나는 곰곰이 생각해 보았습니다. 그리고 아내의 말을, 그녀의 부탁을 대수롭게 여기지 않는 그러한 습성이 내게 있는 것을 깨닫게 되었습니다. 자기는 사랑한다고 생각하지만 사실은 사랑하는 것이 아닐 수도 있습니다. 어쩌면 그런 경우가 더 많을 것입니다!

나와 아내는 신혼 초부터 각 방을 씁니다. 이유는 여러 가지가 있지만, 첫째는 내가 기도하면서 잠을 자는 습관이 있기 때문이고 둘째는 자면서 깨달은 것을 자다 말고 계속 기록하기 때문입니다.

자다가 깨서 불을 켜고 노트에 메모를 하는데 이런 것을 많을 때는 50 - 60 번 이상 하는 지라 거의 밤을 새다시피 할 때가 많기 때문에 같이 잠을 잘 수가 없는 것입니다.

세 번째 이유는 우리가 워낙 대화를 많이 하기 때문입니다. 우리 둘이 같이 있으면 새벽 2시, 3시까지 계속 이야기를 하게 되고 결국 그 다음 날이 엉망이 되어버립니다. 그래서 우리는 서운함을 접어두고 내일의 만남을 기약하며 아쉬운 이별을 할 수밖에 없는 것입니다.

우리가 이야기를 많이 나누기 때문에 나는 우리가 몹시 친하다고 생각했었습니다. 그러나 그녀의 말을 별로 중시하지 않고 건성으로 듣고 있었음을 기도하는 중에 깨닫게 된 것입니다. 나는 그녀에게 별로 좋은 친구가 되지 못했었던 것입니다.

기도하지 않았으면 나는 계속 아내의 부탁을 잊어버리고 있었겠지요. 그리고 나의 잘못된 습관에 대해서도 깨닫지 못했을 것입니다.

요즘은 아내의 부탁을 잘 잊지 않습니다. 그것은 기도의 덕분입니다. 나는 그 사실이 몹시 즐겁습니다. 왜냐하면 아내를 좀 더 잘 섬기고 아내를 좀 더 기쁘게 할 수 있는 것은 내가 주님을 좀 더 알아가며 가까이 나가간다는 것을 의미하는 것이기 때문입니다.

기도는 우리에게 필요한 것을 깨닫게 해줍니다.
기도할 때 깨닫는 것은 사소한 것 같지만
항상 우리가 몰랐던 것들이며
우리의 기질에 맞지 않았던 것들이며
놀라운 것들뿐입니다.
그것은 우리가 알고 있었던 것들과는 전혀 다른 것입니다.
그렇기 때문에 우리는 기도를 통하여
날마다 변화되어 가는 것입니다.
기도의 세계에 가면 갈수록
깨달음은 많아집니다.
기도의 세계에서 얻어지는 많은 깨달음들
그것은 기도가 우리에게 주는
또 하나의 아름다운 선물입니다.

78. 기도는 입맛을 바꾸어줍니다

몇 년 전에 아내가 천식으로 고생하던 것을 계기로 생식을 몇 달 해본 적이 있었습니다. 여러 가지 이유로 계속하지는 못했지만 그 경험이 우리에게 준 선물은 엄청나게 많았습니다.

응급실에 들락거리던 아내가 병원에서 고칠 수가 없다던 천식을 깨끗하게 고쳤고, 미국에 사는 큰누나도 당뇨병으로 온갖 합병증으로 고생을 하고 첨단 의학으로도 거의 차도가 없던 것이 생식을 시도해본 결과 불과 1개월 만에 깨끗해져서 그녀의 주치의는 동양의 기적이라고 난리를 꾸몄다는 것입니다.

나도 생식을 하면서 몸이 매우 가볍고 건강해졌으며 무엇보다도 우리의 식생활이 너무나 많이 잘못되어있다는 것을 깨닫게 된 것입니다.

그것은 단순히 식생활의 문제가 아니었으며 신앙 생활, 영성 생활, 모든 삶의 가치 기준에 있어서 큰 영향을 끼치게 되었습니다. 그것은 진정 놀라운 경험이었습니다.

인류의 시조 아담과 하와가 먹어서는 안 될 음식을 먹었고 먹어서 죽을 음식을 사탄이 맛있게 보이도록 유혹한 이후 사람들은 화려하고 자극적인 입맛의 세계에 정신없이 빠져들었습니다.

사람들은 갖가지 조미료를 사용하여 혀의 쾌락을 자극하고 일으키며 눈으로도 보암직하게 음식에 색깔을 입혀서 모든 사람들을 입맛의 노예로 만들어 버린 것입니다. 그러나 좋지 않은 음식은 아무리 조리하고 시각적인 효과를 입혀도 그 성분이 달라지는 것은 아닙니다.

사람들은 맛으로 먹고, 재미로 먹고, 속상해서 먹고, 심심해서 먹고 온갖 음식들을 즐기고 과식하여 영혼을 질식시킵니다. 그들은 점차로 순수한 음식을 먹지 못하며 온갖 화려한 자극으로 덧입혀진 음식의 맛에 길들여집니다. 그들은 혀의 미각에 중독되어 점차로 몸이 무거워지고 질병이 만연해도 그 쾌감을 포기하려 하지 않습니다.

우리가 진정 주님께서 우리에게 허락하신 몸을 소중하게 생각한다면 이러한 화려한 입맛의 세계를 절제시켜야 합니다. 왜냐하면 몸이 좋아하는 음식과 입이 좋아하는 음식은 결코 같지 않기 때문입니다.

하나님이 우리에게 허락하신 자연적인 순수한 음식을 먹기 시작할 때 처음에는 맛이 없지만 점차로 우리 몸은 그러한 소박한 맛에 익숙해지며 여러 가지의 기능들이 회복되기 시작합니다.

거의 조리를 하지 않은 자연 상태의 음식을 먹으면 코가 예민해져 냄새를 잘 맡게 되고 몸이 좋아하지 않는 음식을 금방 느낍니다. 점점 화려한 입맛, 입의 쾌감의 세계를 고통스럽게 느끼게 되고 단순하고 자연스러운 소박한 맛을 즐기게 되는 것입니다.

음식의 세계는 기도의 세계와 비슷한 것입니다. 이 시대의 사람들이 문명화된 음식의 독에 감각이 마비되어서 보기에 먹음직한 음식, 시각, 미각, 등 말초신경을 자극하는 음식을 좋아하고 참된 생기를 주는 자연적인 음식의 맛을 느끼지 못하는 것처럼 사람들은 문명화된 육체적인 쾌락에 눈과 귀가 길들여져 있어서 영혼의 단순하고 소박한 기쁨과 기도의 행복을 잘 모르고 있는 것입니다.

음식의 측량 가능한 영양가의 수치는 계산할 수 있어도 음식물 속의 생기, 기운을 알지 못하듯이 오늘날 많은 사람들이 기도에 대한 논리적인 분석은 할 수 있어도 실제적인 기도의 맛, 기도의 영의 흐름은 잘 알지 못하고 있습니다.

단순한 영의 기도를 경험할 때 그것은 입맛을 바꾸어줍니다. 그것은 말씀의 맛을 점차로 더 깊이 느낄 수 있게 합니다. 영적 지각이 발전하여 사람들의 영혼의 상태를 점점 더 쉽게 느낄 수 있게 됩니다. 사람들의 겉모습과 다른 중심의 마음, 생각들을 쉽게 감지할 수 있게 됩니다. 입술은 아주 종교적, 신앙적이어도 중심은 전혀 그렇지 않다는 것을 감지하게 됩니다.

순수한 기도는 마치 생식과 같이 당신의 입맛을 바꾸어줍니다. 그것은 자극적이고 문명화된 인위적인 요소보다 어린 아이 같고 단순하고 자연스러운 것을 사랑하도록 당신의 입맛을 바꾸어줍니다.

당신은 차츰 마음에 없는 가식의 말들을 싫어하게 될 것이며 교묘한 비아냥거리는 말들, 예의바른 것 같지만 가시가 있는 말들, 은근히 자기를 드러내는 말들에 대해서 불편함을 느끼게 될 것이며 솔직하고 자연스러운 말과 표현을 좋아하게 될 것입니다.

생식과 같은 순수한 기도에 들어가십시오.
생식과 같은 순수한 기도를 사모하십시오.
자연스러운 삶, 자연스러운 예배,
자연스러운 기도를 사모하십시오.
기도하면 할수록
당신은 순수한 사람이 되어갈 것입니다.
순수한 기도는 생식과 같습니다.
그것은 당신의 입맛을 바꾸어줍니다.
그것은 당신의 지치고 피곤하고 부자연스러운 영혼을
맑고 순결하고 자연스러운 것으로 변화시켜줄 것입니다.

79. 기도만이 중독을 치유할 수 있습니다

세상에는 중독된 사람들이 많습니다. 알콜 중독, 담배 중독, 마약 중독, 도박 중독, 등등.. 또한 중독의 정도가 약해서 사람들이 잘 느끼지 못하지만 분명한 중독의 형태를 가지고 있는 것도 많습니다. 쇼핑 중독, 일 중독, 성공 중독, 연애 중독, 섹스 중독, TV 중독, 비디오 중독, 인터넷 중독, 채팅 중독, 게임 중독, 수다 중독, 공상 중독, 사람의존 중독, 의심 중독, 스포츠 중독 등 헤아릴 수 없는 많은 종류의 중독이 있습니다.

정도의 차이는 있으나 중독의 증상을 전혀 가지고 있지 않은 사람은 아무도 없을 것입니다.

사회 생활이 불가능할 정도의 중독도 있으나 대부분은 그럭저럭 불편한 대로 삶을 꾸려나갈 수 있기 때문에 그러한 중독의 증상들을 참고 지냅니다.

왜 이러한 중독이 생기는 것일까요. 그것은 상처나 충격, 개인의 성향 등 여러 가지의 원인이 있겠으나 깊은 근원으로 들어가 보면 그것은 한 가지 이유 - 곧 영혼의 공허함 때문입니다.

하나님과의 관계를 통하여서만 기쁨을 얻을 수 있도록 창조된 영혼이 죄로 인하여 하나님과의 관계가 끊어져서 하나님의 충만하고 풍성한 에너지가 공급되지 않고 있기 때문에 영혼이 깊은 절망과 공허를 느끼고 있기 때문인 것입니다. 형식적으로는 하나님을 믿는다고 하더라도 신상명세서의 종교란에 기독교라고 표기한다고 하더라도 실제적으로 주님의 지배를 받으며 주님의 은혜 가운데 거하지 않는다면 영혼은 고통을 겪게 되는 것입니다.

이 영혼의 고통을 해결하기 위하여 마약, 술, 연애, 섹스, 돈, 쇼핑, 출세, 도박 등 그 어떤 것을 쏟아 붓는다고 해도 그는 잠시 고통을 잊어버릴 뿐 결코 근본적인 증상이 사라지지는 않습니다. 그것은 문제의 중심을 아직 모르고 있기 때문입니다.

기도만이 모든 중독을 고칠 수가 있습니다. 기도로 주님께 나아가는 것만이 모든 중독의 증상을 소멸시켜줍니다.

기도하고 기도할수록 우리 영혼의 깊은 속은 만족됩니다. 그러므로 우리는 행복하고 또 행복하기 때문에 더 이상 마약이나 술이나 다른 도움이 필요하지 않게 되는 것입니다.

그것이 바로 해방입니다. 묶였다가 풀려난 사람은 그 자유함의 맛을 알 수 있을 것입니다.

기도는 해방입니다.
기도는 자유입니다.
기도의 세계에 빠진 사람은
더 이상 아무 것에도 사로잡히고 묶이지 않으며
이제는 오직 주님과 함께
창조적인 인생의 즐거움을 누릴 수 있게 되는 것입니다.

80. 절망은 기도의 에너지입니다

충분히 낙심하고 충분히 좌절하지 않은 사람은 깊은 기도에 들어가는 것이 어렵습니다. 삶에서 자기의 한계를 많이 경험하고 도저히 견디기 어려운 상황에 여러 번 도달했다면 당신은 깊은 기도를 경험할 수 있을 것입니다.

자신감이 넘치고 어떤 일에도 쉽게 굴복하지 않으며 쉽게 고난을 딛고 일어설 수 있다면 그러한 이들은 기도를 배우기가 쉽지 않을 것입니다.

그러나 만일 당신이 많은 상처를 받아 심령이 상하였으며 아주 작은 일에도 마음이 무너지며 전화 벨소리만 울려도 가슴이 뛰며 대수롭지 않은 일에도 많은 고통을 느끼며 아무리 주위를 돌아보아도 전혀 도울 이를 발견할 수 없다면 당신은 이제 기도를 배울 수 있으며 그 사랑이신 주님의 품에 안길 수 있을 것입니다.

근심과 절망은 하나의 에너지입니다.
버림받음과 슬픔은 하나의 에너지입니다.
그 에너지를 통해 주님께로 가십시오.
그 좋은 기회를 낭비하지 마십시오.
어떤 이들은 많은 기회가 있어도
혼자서만 끙끙거릴 뿐 주님의 도우심을 구하지 않습니다.

낙천가들은 절망의 에너지가 없어 주님께로 가지 못합니다.
낙관주의자들은 희망이 넘쳐서 주님께로 가지 못합니다.
강심장들은 너무 두려움이 없어서 주님께로 가지 못합니다.
그들은 진정 불쌍한 사람들입니다.
억지로 강해지려고 애쓰지 마십시오.
스스로 모든 것을 하려고 너무 노력하지 마십시오.
슬플 때 눈물을 참지 말고
괴로울 때 탄식을 억제하지 말고
외로울 때 슬픔을 억누르지 마십시오.
그 모든 것들이 당신을 누를 때
조용히 주님께로 가십시오.
주님은 세상 사람이 그렇게 하는 것처럼
당신을 버리지 않으십니다.
당신이 그 고통들을 통하여
주님께 나아가 위로를 얻을 수 있을 때
그 고통은 당신의 인생에 가장 큰 행복이 됩니다.
그러므로 절망은 주님께로, 더 큰 축복에로 나아가는
기도의 에너지가 되는 것입니다.

81. 기도는 인내입니다

저녁 식사 시간이 되어 엄마가 모든 식구들을 부릅니다. 다 같이 식탁에 모여 앉습니다. 그런데 한 아이가 배가 부르다고 먹고 싶지 않다고 합니다. 그 아이를 빼 놓고 다같이 기도한 후 식사를 시작합니다.

얼마 후 식사 중인데 아이가 나옵니다.

"저, 밥 먹을게요."

아빠의 대답은 분명합니다.

"안 된다. 오늘 저녁은 굶고 자라."

아이는 힘없이 들어갑니다.

가정은 아이가 왕이 아닙니다. 아무 때나 원하는 대로 요구하는 대로 밥이 나오는 곳이 아닙니다. 엄마는 아이들의 종이 아니며 아이들은 상전이 아닙니다.

아이는 들어가 눈물을 찔끔거립니다. 식사 후 아빠가 들어가 위로해줍니다. 충분히 설명을 해줍니다. 불쌍하기는 하지만, 그러나 원칙을 타협할 수는 없습니다. 서로가 힘들어도, 원칙을 타협할 수는 없는 것입니다.

우리는 인생을 공정한 규칙을 따라 살아야 하며 어렸을 때부터 게임의 룰을 준수해야 게임이 재미있다는 사실을 이해해야 할 필요가 있습니다.

식사가 임박했을 때 아이가 간식 먹기를 원할 때가 있습니다. 그 때 아이는 선택을 해야 합니다. 간식을 먹는 대신에 밥을 굶거나 아니면 간식을 포기하고 식사시간까지 기다리는 것입니다.

선택은 자유지만 그 선택에 대해서는 책임을 져야 합니다. 식사 전에 간식을 먹으면 밥을 맛있게 먹을 수가 없고 하나님께도, 엄마에게도 감사하는 마음이 적어집니다.

감사를 모르고 자라게 되면 그는 아무리 많이 배우고 성장해 보았자 인생을 즐길 수 없고 남에게 해를 끼치는 사람이 될 것입니다.

자라는 아이들이라 많이 먹고 싶으니까 식사를 다한 후에 모자라면 간식을 더 먹을 수 있습니다. 그러나 식사를 남기면서 간식을 먹어서는 안 됩니다. 그것은 음식 낭비, 돈 낭비이며 엄마의 수고가 헛되고 아이들의 버릇이 없어지며 영혼에도 유익이 되지 않습니다.

아빠는 아이들에게 군것질을 별로 시키지 않습니다. 아이들이 군것질을 원할 때 아빠는 먹을 것이 없어 굶는 북한의 어린이들, 아프리카의 어린이들, 우리나라의 소년 소녀 가장이나 점심을 굶는 아이들에 대해서 말해줍니다.

지금 이 순간에도 굶주리는 많은 사람들이 있는 데 우리가 입맛을 위하여 돈을 낭비하는 것은 주님이 기뻐하지 않으시며 하나님을 믿는 사람이 그렇게 살아서는 안 된다고 가르칩니다.

이런 이야기를 들으면 아이들은 눈물을 흘리기도 하며 반성을 하고 한동안 절제합니다. 하지만 한동안 만이지요. 이들은 아직 어리니까요. 그러나 품행 성적이 좋으면 엄마, 아빠가 상으로 맛있는 것을 사주기도 합니다.

아이들이 편식을 하고 어떤 음식을 먹기 싫어하면 그것은 정신 상태에 문제가 있는 것이고 배가 부른 것이기 때문에 그때는 금식을 시키는 것이 좋습니다.

한 끼를 굶긴 후에 싫어하는 음식을 먹입니다. 그러면 그것이 얼마나 맛이 있는 음식인지 알게 됩니다. 아이가 고집이 좀 센 편이라면 좀 더 많이 굶기는 것이 좋겠지요. 그것이 아이의 영혼의 성장에 도움이 됩니다. 이기적이고 참을성이 없으며 고집이 세고 멋대로 하는 것을 그대로 놔두는 것은 진정 아이를 사랑하는 것이라고 할 수가 없습니다.

인내하지 못하는 사람, 자기를 이기지 못하는 사람은 아무데도 쓸데가 없습니다. 자신의 욕망을 다스리지 못하면 그는 주님의 일도 할 수가 없습니다. 그것은 어릴 때부터 훈련되어져야 합니다. 훈련을 위해서 군대에 갈 때까지 기다릴 필요는 없습니다. 가정은 사랑을 배우는 곳이며 동시에 인내를 배우는 곳이어야 합니다.

기도도 이와 같습니다.

기도는 항상 달콤한 것은 아닙니다. 때로는 하기 싫고 때로는 힘이 들고 때로는 시험이 오며 기도할수록 모든 상황이 오히려 어렵게 되어가기도 합니다. 도저히 기도할 수 없는 상황이 계속 생기기도 합니다.

그것은 사탄이 기도를 방해하고 있기 때문입니다. 이 시험에 넘어져서 거기에 굴복한 사람들은 낮은 기도의 세계에서 머무르게 되며 더욱 더 높고 풍성한 길로 나아가지 못합니다.

기도의 길, 주님을 추구하는 이 길이 진리의 길이라면 어떤 대가를 지불하더라도 걸어가십시오.

아무런 고통도 없이 내가 갖고 있는 모든 것을 그대로 유지한 채 아무런 피해도, 손해도 없이 기도를 배우려고 하지 마십시오. 기도의 시험을 인내로서 이겨내십시오. 그것은 그만한 가치가 있는 일입니다.

도저히 할 수 없다고 생각되는 그때에 한 번 더 인내하십시오. 한 번 더 기도하십시오. 인내는 기도를 높은 곳으로 가게 합니다.

기도는 인내를 가르칩니다. 우리가 포기하지 않고 인내함으로 꾸준하게 기도하고 나아간다면 우리는 더욱 더 높고 아름다운 영계의 영역으로 나아갈 수 있게 될 것입니다. 그리고 그 곳에서 우리는 예전에 알지 못했던 행복과 기쁨을 누리게 될 것입니다.

82. 기도는 기쁨입니다

아들 주원이는 수학을 어려워합니다. 그는 자주 수학 문제를 들고 아빠에게로 옵니다. 그는 문제가 복잡하면 일단 겁부터 먹습니다. 그래서 문제를 아빠에게 보여주고는 아주 비관적인 표정으로 침울하게 아빠를 바라봅니다.

공부는 요령이 있어야 합니다. 하루 종일 기도한다고 기도를 잘 하는 것이 아니듯 하루 종일 책을 붙들고 앉아 있다고 해서 공부를 잘 하는 것은 아닙니다. 그것은 공부에도 원리가 있는 것이기 때문입니다.

나는 아이들이 그 원리와 요령을 바로 익히기를 원합니다. 그 급소를 바로 익힐 수 있다면 아이들은 쉽게 좋은 열매를 얻을 수 있을 것입니다.

공부에 있어서 중요한 원리는 기쁨입니다. 즐거운 마음으로 공부를 할 때 머리가 잘 움직이는 것입니다. 그러므로 공부하는 것을 두려워하거나 좋아하지 않는다면 공부도 그를 좋아하지 않으며 축복해 주지 않습니다. 그러므로 고생만 하고 성적은 나쁘게 나오는 것입니다.

이 아이는 암기는 잘 하는 편인데 이해력이 부족합니다. 그래서 수학의 공식은 잘 외우지만 그것을 조금만 응용하면 그러한 문제를 가지고 고민합니다.

아이가 아빠에게 문제를 가지고 오면 아빠는 문제의 이해를 위해서 그림을 그립니다. 그러면 아이는 그림을 보고 웃기 시작합니다.

아빠의 그림이 너무 엉터리이기 때문에 아들도, 아내도, 딸도 다 웃습니다. 그런데 그렇게 웃고 나면 별로 설명을 해주지 않아도 조금 전까지 아주 어려워하는 문제를 쉽게 푸는 것입니다.

아빠의 의도는 어떻게 하든지 즐거움을 느끼면서 공부를 하게 만드는 데 있습니다. 문제를 두려워하면 긴장해서 머리의 회전이 멈추기 때문에 그 문제를 풀 수 없지만 문제를 보고 즐거움을 느끼게 되면 긴장이 풀려서 머리가 잘 회전하기 때문에 그 문제를 해결할 수 있는 열쇠를 발견하게 되는 것입니다.

이 원리는 아주 간단한 것이지만 시도해보면 아주 효과적인 것을 알 수 있습니다. 아들은 아직도 수학을 어려워하기는 하지만 이제 조금씩 재미있게 생각하려고 합니다.

아들과 딸은 항상 아빠가 과외 공부 선생님이 되기를 바랍니다. 아빠와 같이 공부를 하면 공부가 너무 즐겁고 재미있다고 합니다. 하지만 아빠는 할 수 없지요. 아빠는 그것보다 더 재미있는 것들, 해야할 것들이 너무나 많이 있기 때문입니다. 다만 아이들에게는 그것이 무엇이든지 재미있고 즐겁게 할 수만 있다면 그것을 잘 할 수 있다는 것을 가르쳐주고 싶은 것입니다.

나는 많은 재미있는 것을 알고 있습니다.

책을 읽는 것도 재미있는 일이고, 사람들과 교제하는 것도 아주 즐거운 일입니다. 그러나 기도를 하는 것만큼 재미있고 신나는 일은 아직 발견하지 못했습니다. 그것은 내 삶에 있어서 가장 아름다운 것이며 즐거운 것이며 행복과 은총이 가득한 것입니다. 그것은 나의 취미이고 직업이며 목표이며 살아가는 이유이기도 합니다.

어떻게 우리는 기도에 있어서 발전해갈 수 있을까요? 그것은 수학을 즐기는 것처럼 기도도 즐겨야 한다는 것입니다.

아무리 어려운 수학 문제도 웃고 즐기고 재미있게 여기면 쉽게 풀 수 있는 것처럼 우리는 기도에 대해서도 기쁨과 즐거움을 경험해야 합니다.

어떤 이가 기도를 재미없고 따분한 일이나 의무로 생각할 때 그의 기도는 발전할 수 없을 것입니다. 그러나 그가 기도의 기쁨을 경험하고 기도의 행복을 누리게 된다면 그는 점차로 새롭고 놀라운 기도의 차원에 들어갈 수 있게 될 것입니다.

기도를 어려워하지 마십시오.
기도를 즐기며 기도를 누리십시오.
기도를 당신의 취미로 삼으십시오.
기도를 기뻐하며
기도의 기쁨을 달라고 주님께 요청하십시오.
기쁨을 경험할수록 당신은 기도에 대해서 알게 될 것입니다.
왜냐하면 실제로 기도는 기쁨이며
천국의 영광으로 들어가는 문이기 때문입니다.

83. 기도는 심판입니다

아내가 아이들이 말을 잘 듣지 않는다고 속상해 합니다. 지금은 방학 중인데 개학에 임박해서 부랴부랴 과제를 하느라고 서두르는 모습을 많이 보았기에 지금부터 미리 여러 가지 과제를 하라고 해도 잘 듣지 않는다고 속이 상한 것 같습니다. 아이들을 그냥 내버려두어야겠다고 합니다.

그러나 나의 의견은 다릅니다. 아이들은 공부를 해야 합니다. 책을 읽어야 합니다. 즐겁게 뛰어 놀고 재미있게 시간을 보내는 것도 필요하지만 자기가 해야할 과제를 하지 않고 놀기만 해서는 안 됩니다.

아이들을 제멋대로 내버려두면 그들은 잘 자랄 수가 없습니다. 공부가 인생의 전부가 아니라고 흔히 이야기하지만 그것은 무책임한 말입니다.

학생 때 공부가 인생의 전부가 아니라고 하는 사람은 직장인이 되면 직장이 전부가 아니라고 할 것이며 가정을 갖게되면 가정이 내 삶의 전부가 아니라고, 나는 매임에서 훌훌 벗어나고 싶다고 할 것입니다.

그는 자녀를 낳게 되면 아이를 키우는 것이 너무 힘들다고 할 것이며 기도를 가르쳐도 기도가 신앙의 전부가 아니며 빠지는 것은 위험하다고 할 것입니다.

그러한 사람은 힘든 것은 항상 피하고 살았기에 죽을 때까지도 어린아이입니다. 사람은 누구나 자기의 전공이 있고 특기를 가지고 태어나지만 그렇다고 자기가 좋아하지 않는 분야를 다 팽개쳐 버려서는 안 됩니다.

사람은 인생에서 자기가 하고 싶지 않은 것, 부딪히고 싶지 않은 것들이 반드시 한 두 가지 이상이 있고 그것과 부딪히면서 인격은 성장하는 것입니다.

공부가 힘들어도 학생들은 그것을 즐겁게 극복하는 방법을 터득해야 하며 부모 입장에서는 아이들을 다루고 가르치고 공부를 시키는 것이 힘들다고 해서 그 역할을 포기해서는 안됩니다. 누구나 자기가 해야할 씨름이 있고 거기에서 도피해서는 안 되는 것입니다.

나는 이번 방학의 학습 감독은 아빠가 하기로 했습니다. 그래서 작전을 세우고 아이들에게 원칙을 통고하였습니다.

날마다 밤 9시 반에 하루의 삶을 평가할 것이다. 평가할 부분은 모두 일곱 과목으로 나누고 한 과목에 20점 만점을 줄 것이다. 그러므로 총 점수는 140점이다. 평가과목은 다음과 같다.

일기 20점, 학습지 4장을 했을 때 기준으로 20점, 과외 숙제 20점, QT 기록 20점, 품행점수 - 엄마, 아빠 심사하여 20점등.

80점 이하는 벌을 받으며 80점 이상은 스티카를 붙이도록 해준다. 80점 이상에 스티카 1개, 100점이면 2개, 120점이면 3개.. 스티카가 많으면 달마다 점수를 환산하여 시상한다.

공고를 보고 아이들은 환호성을 울렸습니다. 그들은 달성해야 할 목표가 생긴 것입니다. 그리고 1주일도 되지 않아서 그들은 지난 20일 넘게 했던 분량보다 몇 배의 분량을 즐겁게 해냈습니다.

9시 반이 가까워지면 그들은 점수의 신기록 갱신을 위해서 더 열심히 합니다. 그들은 여전히 중간 중간에 놀지만 시간을 확실히 사용하여 놀고 전처럼 시간을 낭비하는 태도가 없어졌습니다. 물론 좋은 점수를 받기 위한 것입니다.

하루의 끝나 가는 시간에 심판과 평가의 제도가 생긴 후에 아이들의 삶의 자세는 완전히 바뀌었습니다. 그들은 불성실하게 살아서 벌을 받으면 속이 상해서 울고 칭찬을 받고 스티카를 받으면 기뻐서 웃었습니다. 아내는 짧은 기간에 아이들의 삶이 너무 달라졌기 때문에 그것을 보고 아주 놀랐습니다.

우리는 점수와 평가가 끝나면 하루의 일과를 같이 나누고 같이 기도하는 시간을 가지곤 했습니다. 아이들은 같이 통성기도를 하면서 오빠는 동생을 위해서, 동생은 오빠를 위해서 간절하게 기도하는데 그 시간은 항상 눈물과 웃음과 감동의 시간들이었습니다.

우리는 언젠가 주님 앞에서 우리가 여태껏 살아온 것에 대하여 평가를 받을 것입니다. 그와 같이 아이들은 하루의 일과를 마친 후에 그 하루를 어떻게 살았는지 평가를 받고 반성해야 합니다. 그래야 더 나은 미래가 있습니다. 하루의 노고에 대하여 칭찬을 받고, 또한 엉망으로 보낸 하루에 대하여는 질책과 징벌이 필요하며 그 후에 위로와 격려가 필요한 것입니다. 나는 아이들이 언젠가 주님 앞에 서게 될 그 날의 심판을 지금부터 미리 준비하는 습관을 들이기를 원하는 것입니다.

기도에도 이러한 요소가 있습니다. 하루 일을 마치고 드리는 밤의 기도는 피곤한 하루의 여정을 주님의 손에 의하여 위로 받는 측면이 있지만, 또한 심판의 의미도 있는 것입니다.

주님을 위하여 주님과 함께 주님을 의식하며 주님의 힘으로 살았던 그 밤의 기도는 가볍고 아름답고 따사롭습니다. 거기에는 주님의 칭찬과 격려가 위로가 있습니다.

그러나 하루 종일 주님을 떠나서 우리의 영을 맑게 지키지 못하고 정신없이 살았던 날은 그 밤의 기도가 아쉽고 안타까운 것입니다.

우리가 하루를 살면서 함부로 내뱉은 말들, 함부로 허비했던 시간들, 사람들의 마음에 상처를 주었던 일들을 주님께서 떠올리게 해 주실 때 우리는 너무 부끄럽고 괴로워 반성하고 회개하며 한숨을 토하며 주님께서 용서해 주실 때까지, 다시 그분의 포근한 품에 안아 주실 때까지, 고개를 들지 못하고 엎드려 있어야 하는 것입니다.

기도는 날마다의 심판입니다. 그것은 언젠가 받게 될 주님 앞에서의 심판을 미리 연습하는 것입니다.

주님께 심판을 받을수록 우리의 영혼은 정화되고 아름다워 집니다. 그리고 내일은 더 좋은 평가를 받을 수 있도록 준비하게 되는 것입니다. 그러므로 매일 밤 드리는 기도는 심판을 준비하는 아름다운 연습인 것입니다.

84. 기도는 호흡입니다

사람의 생명은 호흡에 있습니다. 하나님께서는 흙으로 사람을 지으시고 그 코에 생기를 불어 넣으셨습니다.(창 2:7)

그것이 호흡입니다. 호흡이 있기 전까지 사람은 생명이 없었으나 호흡이 시작되면서 사람은 생명을 얻게 되었습니다.

호흡이 생명이므로 호흡이 풍성한 사람은 생명이 풍성한 것이며 호흡이 약하고 위축된 사람은 생명이 약한 것입니다.

히브리 말로 '영'을 의미하는 루아흐는 바람, 기운, 호흡, 숨을 말합니다. 그래서 예전의 성경에는 '성령'을 '거룩한 숨님'으로 번역한 곳도 있습니다.

그러므로 사람이 살기 위해서는 음식과 물을 잘 먹고 마셔야 하지만, 이에 못지 않게 호흡을 잘 하여야 하는 것입니다.

숨을 잘 들여 마시는 것이 생명의 풍성함을 줍니다. 이것은 단순히 공기와 산소를 마시는 것을 넘어서 영과 기운을 마시는 것입니다.

사람이 상처를 받거나 충격을 받고 놀라면 호흡이 약해집니다. 그래서 가슴이 답답하고 쉽게 심장이 두근거립니다. 그 결과 활동력이 약해지고 의욕이 상실되며 위축됩니다. 그러나 그들이 치유되면 다시 호흡이 회복되고 숨은 넓어져 가슴이 편안해 지는 것입니다.

사람이 분노가 생기고 나쁜 에너지가 들어오면 호흡이 거칠어지고 공격적인 활동 에너지가 생깁니다. 그들은 눈을 치켜 뜨고 목소리가 격앙되며 온 몸이 경직되어 가는 것입니다. 이때 호흡을 가라앉히고 조용히 주님을 부르면 그 나쁜 에너지는 소멸되어 분노는 사라지고 마음은 안정됩니다.

호흡이 거칠은 사람은 인품이 거칠고 강합니다. 호흡이 약한 사람은 소심하고 겁이 많습니다. 말이 너무 빠르고 쫓기며 대중 앞에서 떨리는 사람은 호흡이 약한 것입니다. 쉽게 분노하는 사람도, 쉽게 좌절하는 사람도 호흡에 문제가 있는 사람입니다.
호흡이 깊고 안정된 사람은 사려 깊고 고요하며 휘몰아치는 파도에도 쉽게 흔들리지 않습니다. 그러므로 호흡을 다스려야 합니다. 기도를 드리면서 조용히 주님을 부르면서 천천히 숨을 들이마셔야 합니다.
주님께서도 제자들에게 성령을 받으라고 말씀하시며 숨을 내쉬셨습니다.(요 20:22) 그러므로 우리는 조용히 주님의 호흡을 들이마셔야 합니다.
조용히 마음속으로 주의 이름을 부르며 그분을 묵상하며 호흡할 때 그것은 기도이며 생명이며 우리 영혼에 충만함을 줍니다. 기도의 호흡에 익숙해질수록 당신의 호흡은 깊고 안정되어 집니다. 당신의 호흡은 달콤해 지며 당신의 마음도 행복해 질 것입니다.

기도는 호흡입니다. 기도는 주님을 마시는 것이며 주님의 영으로 온 몸에 충만케 하는 것입니다.

우리가 다 한 성령으로 세례를 받아 한 몸이 되었고 또 다 한 성령을 마시게 하셨느니라. (고전 12:13)

이 말씀과 같이 기도는 호흡으로 주님을 마시는 것입니다.

85. 기도는 예수 충만 입니다

기도하기 전에 사람들은 자기의 상처로 괴로워합니다.
기도를 하면서 사람들은 주님의 상처를 보게 됩니다.
기도하기 전에 사람들은 자기의 고독을 느낍니다.
기도를 하면서 사람들은 주님의 고독을 느끼게 됩니다.
기도하기 전에 사람들은 자신의 슬픔을 느끼지만
기도하면서 사람들은 주님의 슬픔을 알게 됩니다.
기도를 모르는 본능적인 사람은
오직 나, 나, 나로 충만합니다.
오직 세상, 세상, 세상으로 가득합니다.
그러나 기도하는 주님의 사람은
오직 주님, 주님, 주님으로만 가득합니다.
오직 천국, 천국, 천국으로만 충만합니다.
그에게는 사람이 보이지 않습니다.
그에게는 환경이 보이지 않습니다.
그에게는 파도도, 바람도 보이지 않고
오직 물결 위를 걸으시는 주님만 보입니다.

기도 없는 사람은 자기가 움직이지만
기도하는 사람은 주님으로 움직입니다.

예수로 말하고 예수로 호흡하며
예수로 생각하고 예수로 걷습니다.
예수를 먹고 예수로 자며
예수를 마시고 예수를 토해냅니다.
자기의 기쁨은 없어지고 자기의 슬픔도 없어지며
자기의 원한도 없어지고 자기의 행복도 없이
오직 예수의 상처, 예수의 소원, 예수의 심장,
예수의 슬픔으로 오직 예수의 사람으로
변화되어 가는 것입니다.
기도는 예수 충만입니다.
오직 예수로 가득해지고 예수의 속한 사람이 되어 가는 것..
그것이 바로 진정한 기도입니다.

86. 예수 기도를 드리십시오

동방 기독교의 전통적인 영성 기도로서 예수 기도라는 것이 있습니다. 마음의 기도 또는 심장 기도라고 부르기도 합니다.

이 기도는 아주 단순합니다. '주 예수 그리스도시여, 나를 불쌍히 여기소서.' 이 내용을 호흡에 맞추어서 마음속으로 반복하는 것입니다.

숨을 들이마시면서 '주 예수 그리스도시여' 를 하고 숨을 내쉬면서 '나를 불쌍히 여기소서' 합니다. 원어로는 '쿠리오스, 끼리에 엘레이손' 입니다.

나는 처음에 이 기도를 별로 좋아하지 않았습니다. 기도란 다양한 형식이 있으며 고백, 간구, 찬양, 회개, 싸움, 중보 등.. 여러 양식과 변화가 있는 데 이 기도는 너무 단순하고 획일적이어서 재미없다고 생각했습니다.

그러나 나는 차츰 기도의 본질이 단순히 주님을 알아 가는 것이라는 사실을 알게 되었습니다. 많은 기도의 형식과 내용이 있지만 주님을 가까이 알게 되면 그 모든 기도를 이루는 것이며 그분의 충만으로서 충만하게 우리 안에 거하실 때 그것이 기도의 모든 것이며 실제적인 천국을 소유하게 된다는 것을 깨닫게 되었습니다.

그 후로 나는 예수 기도에 관심을 가지고 열심히 시도해보았습니다. 그런데 해보니까 호흡을 이 문구에 맞추어서 기도하는 것이 정말 쉽지 않습니다. 이 기도를 하루에 수 천 번 드렸다는 동방의 영성인들이 정말 존경스러워졌습니다.

그래서 나는 이 기도를 내 식으로 하기 쉽게 바꾸었습니다.

그저 단순히 '예수 충만' '예수 충만'을 반복하는 것입니다. 나는 목회를 하면서 교회에서도 이 훈련을 시켜보았습니다. 예배를 인도하면서 신자들을 일으켜 세우고 팔을 벌리고 숨을 들여 마시면서 '예수 충만'을 반복해서 고백하게 하는 것입니다. 그렇게 기도할 때 대부분의 젊은이들은 몸에 강력한 전율을 느끼거나 주님의 영에 사로잡혀서 그 자리에 쓰러지곤 하는 것을 보았습니다. 그것은 아주 간단하면서도 실제적인 주님의 임재 경험이었습니다.

나는 하루 종일 시간이 나는 대로 이 예수기도를 하게 되었습니다. 처음에는 '예수 충만..' 하고 외우던 것이 나중에는 더 간단해져서 오직 그저 예수, 예수, 예수 예수를 부르게 되었습니다.

지금도 나는 오직 나 자신이 예수로 채워지기 원하는 고로 시간만 나면 예수를 부릅니다.

아침에도 예수, 예수.. 하루 중간 중간에 예수, 예수, 예수.. 밤에도 예수를 부르면서 잠이 들고 중간에 잠이 깨면 다시 예수, 예수 예수를 부릅니다. 이 기도를 드리며 내 마음은 환희에 차고 주님을 사모함으로 가득 채워지게 됩니다.

별로 맛을 느끼지 못할 때도 있고 그런 때는 기도의 방법을 바꾸기도 했지만 어쨌든 이 기도는 놀라운 감동을 주었고 항상 예수를 생각하고 추구하는 데 많은 도움을 주었습니다.
　길을 걸을 때는 발걸음에 맞추어서
　예수, 예수,
　이렇게 걷습니다.
　한 발을 내딛을 때마다
　예수, 예수, 예수, 예수,
　이렇게 걸을 때도 있지만
　그렇게 하면 조금 숨이 찹니다.
　예수 기도는
　예수를 생각하고
　예수를 바라보며
　오직 예수로 채워지기만을 원하는 기도입니다.
　당신이 주를 간절하게 사모한다면
　부디 이 예수 기도를 꼭 시도해보십시오.
　그것은 당신의 영혼, 당신의 마음속에
　아름답고 놀라운 예수의 흔적을
　가득하고 충만하게 심어줄 것입니다.

87. 기도는 지옥을 천국으로 만듭니다

밤중에 11시쯤 안면이 있는 집사님으로부터 전화가 왔습니다. 심각한 분쟁 상태에 있는 부부가 와있다고 상담 차 방문을 요청합니다. 밤이 늦었지만 나는 그 집을 찾아갑니다.

그 집에 도착하니 나를 초청한 부부와 손님 부부 4명이 심각한 표정으로 있습니다. 손님 부부는 이혼까지 언급하며 살벌한 분위기를 연출하고 있습니다.

이들은 신앙 생활도 오래 했고, 제자 훈련이나 각종 세미나와 훈련도 많이 받고, 인테리이며 알 것은 많이 아시는 분들입니다. 그러나 그들은 서로를 향해 독화살과도 같고 비수와도 같은 말들을 쏟아 붓습니다. 주인 부부가 분위기를 부드럽게 하려고 애쓰지만 별로 먹혀 들어가지 않습니다.

이들의 이야기를 들어보니 상황의 문제라기보다는 성격의 문제이며 대화의 부족을 통한 오해의 문제라고 여겨집니다. 그들은 서로에 대한 이해가 부족합니다. 서로의 마음에 대해서 잘 모릅니다. 자신의 관점과 생각으로 상대방을 판단할 뿐입니다. 그러는 과정에서 서운함이 많이 쌓였습니다.

이들은 말하는 데에 조리가 있으나 듣는 것에는 서투릅니다. 지식은 많으나 영적인 세계의 이해와 경험은 부족합니다. 이들은 가정을 파괴하는 영의 존재를 알지 못합니다. 피상적으로 알지 모르지만 책으로, 이론으로 알 것입니다. 여러 가지로 설명을 했는데 반응은 이들의 반응은 무덤덤합니다.

　나는 같이 기도를 하자고 권유했습니다. 기도는 사람에게 하는 것이 아니고 주님에게 하는 것이니 기도를 통해서 주님이 직접 이 상황에 개입해주셨으면 하는 마음으로 기도를 시킨 것입니다.

　부인이 먼저 기도를 시작합니다. 부인은 떠듬거리면서 기도를 합니다. 그런데 조금 기도하더니 '으악!' 하고 울음을 터뜨립니다.

　"다 저 때문이에요. 저 때문이에요. 이 사람이 아픈 것도 다 내가 속을 썩여서 그래요.."

　그녀는 그렇게 말하면서 흐느껴웁니다. 놀라운 일입니다. 방금전의 그 날카로움은 어디로 가 버렸을까요. 남편도 덩달아서 같이 기도하면서 웁니다. 나를 초청한 부부도 그 모습을 보고는 우리 가정도 문제가 많다고 하면서 아내와 같이 기도하면서 흐느껴 울었습니다. 그래서 졸지에 야밤 부흥회가 되었습니다.

　나는 놀랐습니다. 기도하기 전의 자세와 기도하면서의 자세가 이렇게 다르다니.. 기도에는 실제로 주님의 개입이 있다는 것을 선명하게 느끼게 됩니다.

　기도하기 전에 사람들은 서로 '네 잘못이야.' 라고 합니다.

　그것이 바로 지옥입니다. 그러나 기도를 하게 되면 '모든 것이 다 나 때문이야!' 라고 하게 됩니다. 그것이 바로 천국입니다. 그것은 오직 주님만이 깨닫게 하실 수 있는 것입니다.

마귀는 항상 속삭입니다. 나만 억울하다고, 나만 손해본다고, 상대방이 나쁘다고, 더 이상 참아서는 안 된다고..

그것은 그럴듯하게 들리고 맞는 것 같지만 그 속삭임의 결과는 증오와 재앙과 파멸뿐입니다.

기도를 할 때 마귀는 도망가고 주님께서 깨우침을 주십니다. 그리하여 내가 잘못했다고, 내가 미안하다고, 여보.. 용서해 달라고.. 이렇게 변화가 이루어지는 것입니다.

기도는 가정을 변화시킵니다.

기도는 지옥을 천국으로 바꿉니다.

그러므로 기도하는 가정은 언제나 천국의 기쁨과 향취를 누리며 살아가게 되는 것입니다.

88. 기도는 주님과 하나 됨을 아는 것입니다

나는 방에 있고 아내는 바깥에 있으나 나는 그녀를 느낍니다. 그녀의 심장소리, 그녀의 호흡소리, 그녀의 기운을 느낍니다. 왜냐하면 우리는 서로 사랑하며 우리의 영은 서로 하나이기 때문입니다.

그녀가 불안해지면 그녀가 멀리 있어도 나는 그것을 느낄 수 있으며 나의 영도 흐트러집니다. 그래서 그녀의 숨소리가 거칠게 되면 나는 그녀를 부릅니다. 그리고 마음을 잔잔해지게 하라고 이야기합니다. 그러면 그녀는 차분해 집니다.

우리의 영이 주님을 사랑하면
우리는 주님을 느낄 수 있습니다.
우리는 주님의 마음을 느끼게 됩니다.
그리하여 어디서 무엇을 하든지
주님께 마음의 파장을 맞추게 됩니다.
우리는 주님과 하나입니다.
기도의 깊은 곳에 도달할수록
당신은 그것을 선명하게 느끼게 될 것입니다.

89. 마음의 평안을 지키십시오

기도할 때 우리의 영혼은 평화를 얻게 되며
이는 실재하는 천국을 경험하는 것입니다.
그러나 평화를 얻는 것 못지 않게 중요한 것은
이 마음의 평화를 계속 유지하는 것입니다.
어떤 이들은 사소한 오해나 비난이나 때문에
사소한 근심이나 염려 때문에
다른 이들의 무례한 언행으로 인하여
이 평화를 잃어버립니다.
그러나 우리는 어떤 경우에도
우리 마음의 평화를 잃어서는 안 됩니다.
그것은 곧 주님을 잃는 것이며
천국을 잃는 것이기 때문입니다.
기도함으로 평화를 얻고
항상 주님을 바라봄으로 그 평화를 유지하십시오.
그렇게 할 때 당신은 항상
주님과 천국 안에서 살아가게 될 것입니다.

90. 기도는 마음의 벽을 허뭅니다

사람들과의 간격이 느껴질 때가 있습니다.
같이 이야기하고 인사를 하지만 뭔가 벽이 느껴집니다.
사람들과의 거리는
물리적인 거리가 아니라 마음의 거리입니다.
그것은 영계의 거리가 서로 떨어져 있기 때문입니다.

기도의 영계에서 그를 만나십시오.
그에게 이야기를 하십시오.
현실 세계에서의 만남과 대화에는
오해가 생길 수도 있지만
기도 세계 속에서의 대화는
순수한 것입니다.
기도의 세계에서 그를 격려하고
조용히 그의 손을 잡아 주십시오.
머지않아 당신은
그와 함께 웃을 수 있게 될 것입니다.

91. 기도는 신뢰입니다

나는 가난하게 자랐고 아내는 가난이 무엇인지 전혀 모르고 자랐습니다. 나는 가난이 익숙하고 편안하지만 아내는 가난이 힘이 듭니다.

그러므로 나는 누림과 풍성한 삶에 익숙하지 않으며 아내 덕분에 누림에 대한 것을 많이 배웁니다. 그러나 나는 여전히 돈을 쓰는 것을 아까워합니다. 먹는 것, 입는 것, 보는 것 등에 돈을 쓰는 것이 아깝습니다. 썩어질 것들에 대하여 투자하는 것이 아깝습니다.

그러나 책방에 가게 되면 이야기가 달라집니다. 들어갈 때 주머니에 얼마가 들어있든지, 나올 때는 똑 같습니다. 버스비만 남겨 놓고 책을 다 사기 때문입니다.

그래서 아내는 책방에 갈 때 가끔 따라 갑니다. 그녀는 내가 책방에 오래 있을수록 불리하기 때문에 빨리 나를 바깥으로 데리고 나가려고 합니다. 나는 평소에 돈을 쓸 줄 모르고 쓸데도 없기 때문에 아내는 내게 거의 돈을 주지 않습니다. 왜냐하면 내가 돈이 생기면 책방으로 도망가는 것을 잘 알기 때문입니다.

어느 날 아내가 내게 진지하게 묻습니다.

"여보, 당신 나를 정말 사랑해요?"

나는 겁이 덜컥 납니다. 그녀는 내가 그녀를 얼마나 사랑하고 있는지, 날마다 같이 살면서도 그녀를 그리워하고 그녀와의 대화를 얼마나 즐기는 지, 내가 그녀에게 감사하는 것이 얼마나 많은 지 그녀는 너무 잘 알고 있기 때문입니다. 그런 그녀가 뻔한 것을 물을 때는 뭔가 심각한 요구사항이 있는 것입니다.

나는 조심스럽게 대답합니다.

"물론 사랑하지.. 그런데 왜?"

"그런데 당신 옷, 꼭 한 벌만 사면 안돼요? 이번이 정말 마지막이에요."

나는 한숨을 쉽니다.

"또 무슨 옷? 나 옷 많잖아."

"아니에요. 겨울옷은 없잖아요. 뭐냐하면.."

나는 옷이 싫습니다. 싫다기보다는 귀찮아합니다. 아이들이나 그녀가 옷을 사는 것은 상관없지만 내 옷을 사는 것은 불편합니다. 나는 사람의 몸이 하나인데 왜 옷이 여러 벌 있어야 하는지 도무지 이해가 안 갑니다. 어린아이라면 몸이 자라나니까 옷을 자주 사야 되겠죠. 그러나 몸이 다 자란 성인이 왜 옷이 많아야 하는 지 알 수 없습니다.

아내는 항의합니다. 옷이 더러워지면 세탁을 해야 하는데 그동안 벗고 있느냐는 것입니다. 그래서 나는 두벌까지는 양보합니다. 그러나 아내는 또 이야기합니다. 보는 사람의 눈을 칙칙하게 만들어서는 안 된다고 합니다. 그러므로 가끔 옷을 갈아입어 사람들의 눈을 신선하게 하는 것도 섬김이라고요.

나는 말합니다. 사람의 눈을 즐겁게 해 주는 것은 영혼에 아무런 유익이 없으며 눈의 즐거움을 좇은 사람들이 대부분 멸망으로 떨어지는 것이라고.. 사람은 근본적으로 눈과 심령을 동시에 섬길 수 없어서 눈을 좇으면 심령이 죽고, 눈을 절제시키면 심령이 산다고 나는 아내에게 이야기합니다.

하지만 대화 끝에 나는 결국 굴복하고 아내의 소원을 들어줍니다. 그녀는 몹시 알뜰합니다. 그녀가 사는 양복 정장은 1만원에 조끼까지 포함될 정도로 저렴한 것입니다. 그러면서도 색깔이나 디자인이 훌륭합니다. 어디서 그런 것을 사는지는 모르지만 몇 십 만원 짜리 옷 보다 결코 뒤지지 않습니다. 미대 대학원을 나온 그녀의 색깔과 디자인 감각은 탁월한 편입니다. 그래서 싼 가격에 좋은 옷을 잘 고릅니다.

나는 옷을 잘 입는 것을 별로 좋아하지 않습니다. 그러나 내가 그녀의 말에 굴복한 것은 나의 의견을 포기한 것이 아니라 그녀의 마음에 담긴 사랑 때문입니다.

어찌하든지 그녀는 내게 좋은 것을 주려고 합니다. 좋은 음식을 먹이고, 좋은 것을 주고, 좋은 옷을 입히려고 합니다. 나는 그녀에게 해 준 것이 아무 것도 없는데 그녀는 나에게 가장 좋은 것으로 줍니다.

그녀의 소원은 무엇일까요? 그것은 자신을 위한 것이 아닙니다. 그녀는 나에게 좋은 것을 먹이고 입히고 나를 즐겁게 하는 것이 그녀의 소원입니다. 그녀가 사온 옷을 내가 마지못해 엉거주춤 입고 있으면 그녀는 손뼉을 치며 웃습니다. "옷걸이보다 옷이 낫네."

나는 그녀를 보면서 우리를 사랑하시는 하나님 아버지의 사랑이 생각납니다. 그분의 만족과 기쁨은 무엇일까요? 그것은 그분의 자녀인 우리들의 기쁨과 행복입니다. 우리는 항상 죄를 짓고 부족한 존재이지만 주님은 우리를 사랑스럽게 여기십니다.

그것은 마치 탕자가 아버지의 집을 떠났다가 죄만 짓고 돌아왔는데도 아버지가 그를 위하여 살찐 송아지를 잡고 잔치를 벌이고 손에 가락지를 끼우고 좋은 옷을 입힌 모습과 흡사합니다. (눅15:22)

나는 받을 자격이 없는 나에게 은혜와 사랑을 베풀어주는 그녀의 마음속에서 주님의 사랑을 발견합니다. 아버지의 사랑을 발견합니다.

그분은 우리에게 좋은 것으로 주십니다. 그분은 우리의 필요를 아십니다. 그분은 우리의 마음을 아십니다. 그분은 우리의 가난함과 마음의 염려를 아십니다.

그러나 그분은 또한 우리의 수용능력을 아시며 우리가 어떤 것을 받을 준비가 되어있는지 그것들이 우리의 영혼에 도움이 되는지 안 되는지를 아십니다. 그러므로 그분께서는 우리의 요구를 따라 기도에 응답하시는 것이 아니고 우리의 성장에 따라, 수용능력에 따라 적절한 때에 적절한 방법으로 기도에 응답하시는 것입니다. 이 사랑과 지혜가 풍성하신 아버지를 우리는 얼마나 신뢰하고 있는 지요.

우리는 수시로 하나님께 나아가 우리의 필요를 간구합니다. 때로는 아주 간절하게 울부짖으며 우리의 소원을 들어달라고 간구합니다. 그러나 그러한 백 번의 간구와 호소보다 더 중요한 것은 한 번의 신뢰입니다. 우리를 사랑하시며 우리에게 좋은 것으로 주고 싶어 하시는 아버지의 사랑을 신뢰하는 것입니다.

우리가 아버지의 보호하심과 지각에 뛰어나신 사랑을 알게 될 때 우리는 오직 그분 안에 거하며 그의 뜻에 우리를 맡기며 조용히 안식하게 될 것입니다.

기도는 신뢰입니다.
아버지의 사랑에 대한 신뢰입니다.
나의 필요보다 급한 사정보다
나의 의견, 나의 요구보다
아버지의 지혜와 판단을 신뢰하는 것입니다.
그 신뢰의 기초 위에서
우리의 기도는 발전해 가는 것입니다.

92. 기도는 선악이 아니고 생명입니다

이 땅에 사는 대부분의 사람들과 마찬가지로 나도 사람들에게 고통을 많이 겪었습니다. 그래서 때로는 그들을 비난하고 나 자신을 불쌍히 여기고 싶은 마음이 들기도 합니다.

그러나 내가 비난의 말을 입 밖에 내놓기가 무섭게 아니 마음 속으로라도 그들을 비난하려는 순간에 즉시 나는 나의 심령이 망가지는 것을 느낍니다. 그리고 그들을 축복하며 감사하는 기도를 드릴 때에 나의 심령은 즉시로 기쁨과 평안을 회복하기 시작합니다. 그 이유는 알 수 없지만 분명한 것은 기도는 논리를 초월한 것이라는 사실입니다. 그리고 그 논리는 우리의 이해 수준을 넘어선 논리라는 것입니다.

어떤 사람이 당신에게 10가지의 해를 입히고 당신이 그에게 한가지의 해를 입혔다면 당신은 그 10가지에 대해서 분노해서는 안 됩니다. 오히려 당신이 행한 한 가지에 대해서 사과해야 합니다.

그 사람의 10가지에 대해서는 주님께 맡기셔야 합니다. 왜냐하면 10가지를 잘못한 사람도 마음의 지옥에 빠지고 1개를 잘못한 당신도 마음의 지옥에 빠지기 때문입니다. 그러므로 회개하고 사과해야만 그 지옥에서 나올 수 있습니다.

그러나 사람들은 사과를 하지 않으며 그 저주와 지옥의 상태에 그대로 머물러 있기를 좋아합니다. 이는 그들이 아직 영적인 세계에 대해서 알지 못하며 아직도 논리의 세계에 머물러 있기 때문입니다. 이는 아직도 그들이 생명에 속하지 않고 선악에 속하여 무엇이 옳고 그른 가에 머물러 있기 때문입니다.

영의 세계의 원리는 이 세상의 논리와는 상반되는 것입니다. 영계는 논리가 아니며 생명입니다. 중요한 것은 당신이 옳으냐 그르냐가 아닙니다. 당신이 지금 원망을 품고 있으면 당신은 어두움의 영계에 속하게 됩니다. 당신은 원망을 품는 것이 옳다고 생각할지 모릅니다.

상대방이 이렇게 잘못했는데 어찌 원망하지 않을 수 있느냐고 생각할지 모릅니다. 그러나 영계는 논리가 아닙니다. 당신이 원망하는 것이 논리적으로 옳다고 하더라도 그 원망은 당신의 영적 생명을 죽이는 것입니다. 그러므로 당신에게는 어두움의 영계가 열리며 그 악한 영들은 당신을 놓아주지 않습니다.

기억하십시오. 우리는 기도할 때 영적인 세계와 접촉하는 것입니다. 그리고 영적인 세계는 논리가 아니고 생명입니다. 당신은 옳고 그른 것을 좇아가지 말고 생명을 좇아가야 합니다.

당신은 머리의 논리를 좇아가지 말고 내적인 심령의 감동을 따라가야 합니다. 부디 내면의 감동과 내면의 생명을 따르십시오. 그것이 기도와 영적 세계의 원리이며 천국의 삶을 누리는 원리입니다.

93. 기도는 예금입니다

올해가 결혼 15년째, 아직 내 집도 없고 예금도 단돈 몇 만원도 없습니다. 그러나 사는 데에는 전혀 지장이 없습니다. 필요한 것이 생길 때마다 전전긍긍 하지만, 시간이 지나고 보면 주님은 우리의 필요를 모두 채워 주셨습니다.

한 번도 사람에게 도움을 구한 적이 없었지만 주님은 항상 우리의 필요를 공급하여 주셨습니다. 신혼 시절 2년 동안 전혀 수입원이 없을 때 등록금, 차비, 책값, 생활비등 전혀 대책이 없고 아무도 도울 사람이 없었지만 기도를 드리고 나면 이상하게 채워졌습니다.

주님은 항상 마지막 순간에 공급하셨습니다. 아무도 우리의 필요를 몰랐지만 마지막 지폐, 마지막 천원이 사라지고 동전 몇 개만 남으면 반드시 주님의 공급이 있었습니다.

굶어야 하는 순간이 왔을 때 우연히 2만원이 들어옵니다. 아내는 탄성을 올립니다.

"와! 우리 냉면 먹으러 가자!"

돈이 거의 떨어지면 아내는 묻습니다.

"우리 얼마 남았지?"

내가 대답합니다.

"3천 원 남은 것 같아."

아내가 말합니다.

"그 돈 빨리 쓰자. 그래야 돈이 들어오잖아."

언젠가 마지막 천 원이 남았을 때 그녀는 그 중에서 500원으로 과자를 사먹고 있었습니다. 내가 쳐다보자 그녀는 빵긋 웃습니다.

"여보야! 너무 맛있다!"

그러면서 그녀는 깔깔 웃으며 덧붙였습니다.

"돈이 없을 때는 왜 이렇게 먹고 싶은 게 많지?"

미리 여유가 있을 때에 공급이 있으면 얼마나 마음이 편안할까요. 그러나 항상 마지막 순간에 공급이 오곤 했습니다. 그러한 일들이 반복되어 원리에 익숙해지자 우리는 안달하지 않게 되었습니다.

아내가 아기가 생겼을 때 나는 걱정이 많았습니다. '어떻게 아기 분유를 먹이지? 아기가 굶으면 어떡하지?' 그런데 그 순간 주님께서 선명하게 말씀하시는 것을 나는 느꼈습니다.

"아기의 분유 때문에 걱정하니? 잘 들어라. 아가가 돌이 될 때까지 네 돈으로 분유를 사지 않을 것이다."

영적으로 별로 성숙하지 못했던 당시에 나는 그 말을 듣고 화가 났습니다. 그래서 항의를 했습니다.

"주님 지금 농담하십니까? 저희는 지금 심각하다구요."

주님께서 말씀하셨습니다.

"내가 농담하는 것 봤니?"

아기가 나올 때가 가까워졌고 우리는 아무런 대책이 없었습니다. 그런데 어떻게 알았는지 어떤 형제가 적금을 깨어서 아기를 낳는 비용을 공급해주었습니다. 그래서 그 돈으로 병원에 가서 아기를 낳고 비용을 지불하고 나니 3천원이 남았습니다. 그것으로 택시를 타고 집으로 오니 정확하게 택시 값이 되었습니다. 우리는 이제부터 어떻게 아이의 분유 값을 대어야 할지 막막했습니다.

그런데 그 때부터 사람들이 우리 집에 찾아오는 것입니다. 나는 사람들과의 교제가 거의 없었습니다. 친구도 거의 없고 혼자였습니다. 그래서 우리 집에는 찾아올 사람이 별로 없었는데 계속 사람이 오는 것입니다. 그리고 오는 사람마다 분유통을 한 두 개씩을 갖고 오는 것이었습니다. 그래서 분유통이 집에 쌓이기 시작했는데 나중에는 슈퍼마켓을 차릴 정도로 쌓이게 되었습니다. 그 때쯤 되어서 나는 주님께 회개하였습니다.

"주님, 제가 잘못했습니다. 제가 주님을 신뢰하지 않은 것을 회개하겠으니 제발 이 원수 같은 분유통을 그만 좀 보게 해주세요."

그러자 간신히 분유통의 행진이 끝났습니다.

모든 사람은 일을 하고 그 손의 수고로 먹고 살아야 합니다. 아무 일도 하지 않고 하나님의 공급만을 바라는 것은 좋지 않습니다. 그러나 우리의 삶에서 부족한 부분이 생기기 마련입니다. 그럴 때 우리는 믿음을 가지고 주님을 의지해야 합니다.

우리는 이러한 훈련과 경험을 통하여 주님은 우리의 모든 상황을 살피시며 우리의 부족을 채우시는 분이라는 것을 배웠습니다. 그것은 책으로 경험한 것이 아니라 실제의 삶에서 경험한 것이었습니다.

우리에게는 저금이 없었습니다. 그러나 우리는 하늘 위에 풍성한 저축이 있는 것을 알았습니다. 그래서 필요할 때마다 주님께서 그 하늘의 통장에서 우리에게 필요한 것을 공급하시는 것을 느꼈습니다. 그 사랑의 공급을 받으면서 우리는 주님의 보호하심과 사랑을 충분히 느끼고 맛볼 수 있었습니다.

어떤 이들은 저금을 믿음이 없는 것으로 나쁜 것으로 여기기도 합니다. 그러나 저금을 하는 것은 나쁜 일이 아닙니다. 성경에도 아껴 쓸 것과 저축할 것을 권하고 있습니다. (마25:27, 고전 16:2) 그러나 물질의 저축보다 더 중요한 것은 기도의 저축입니다.

물질의 저축이 있어 주님의 필요에 대해서 준비되어 있는 것도 아름다운 일입니다. 그러나 기도를 저축함으로 주님의 역사하심을 예비하는 것은 더 은총이며 큰 복인 것입니다.

자녀를 위하여 자녀의 이름으로 예금을 하는 것도 좋은 일입니다. 그러나 이보다 더 중요하고 아름다운 것은 자녀를 위한 기도의 저축입니다. 자녀를 위한 눈물의 저축입니다.

물질은 자녀에게 별로 많은 것을 주지 못하지만 기도의 저축은 자녀에게 무한히 많은 것, 가치를 측정할 수 없는 하늘의 은총을 가져다주는 것입니다.

기도는 저축입니다. 행복의 저축이며 사랑의 저축이며 성령충만의 저축이며 상급의 저축이며 영원한 미래의 저축입니다.

부디 기도함으로 하늘에 보화를 쌓으십시오. 그것이야말로 진정한 부유함이며 아무도 훔쳐갈 수 없고 빼앗아 갈 수 없는 영원한 우리의 재산이 될 것입니다. (마 7:20)

94. 기도는 참된 근원입니다

가난한 사람은 자신이 불행한 것이 그 가난 때문이라고 생각합니다. 몸이 아픈 사람은 자신이 불행한 것이 질병 때문이라고 생각합니다. 고독한 사람은 자신이 불행한 것이 고독 때문이라고 생각합니다. 친구나 가족이 없는 사람도 역시 그것 때문에 자신이 불행하다고 생각합니다.

그들은 끊임없이 환경을 바꾸려고 합니다. 그들은 그러한 조건이 바뀌면 자신이 행복해질 수 있다고 믿기 때문입니다. 그러나 막상 자기의 생각했던 것들이 이루어져도 그들은 행복하지 않지만, 그들은 또 다시 다른 핑계를 대며 그것이 또 이루어져야 행복할 것이라고 합니다. 그리하여 그들은 바깥의 환경을 바꾸어서 행복해질 수 있도록 끝없이 노력을 합니다. 그러나 그들의 판단은 근본적으로 잘못되어 있는 것입니다.

가난해서 불행한 사람은 부자가 되어도 불행합니다. 몸이 아파서 행복하지 않은 사람은 몸이 나아도 행복하지 않습니다. 결혼을 못해서 만족할 수 없는 사람은 결혼을 해도 여전히 만족할 수 없으며 애인이 없어서 고독한 사람은 애인이 있어도 여전히 고독합니다.

사람들은 자신들의 모든 문제가 자기의 영혼, 내면에서 나오는 것임을 잘 알지 못합니다. 외부의 상황은 자신의 내면이 어떠한 지를 보여줄 뿐이지 본질적인 문제는 아닌 것입니다. 그러므로 바깥의 환경은 결코 사람을 불행하게 할 수도, 행복하게 할 수도 없는 것입니다.

고독한 사람은 어떠한 상황에서도 고독하며 행복한 사람은 어떠한 상황에서도 행복합니다. 그것은 사람의 행불행이 상황이나 환경에 있지 않고 그 영의 수준과 상태에 있기 때문입니다.

그런데 왜 사람들은 항상 문제의 근원을 자기 안에서 찾지 않고 환경이나 타인에게서 찾을까요. 그것이 바로 타락의 결과이며 영혼이 진보되지 않은 결과로서 사람들은 물질 세계에 대하여는 몹시 민감하지만 영혼의 영역, 영적이고 내적인 통찰력에 대하여는 거의 이해하지 못하고 보지도 깨닫지도 못하기 때문입니다.

사람들의 문제는 근본적으로 아담이 에덴에서 쫓겨나서 하나님과의 영적 교류를 상실한 데서 기인한 것입니다. 결코 환경 문제, 경제 문제, 교육 문제, 정치 문제, 사회 문제에서 기인한 것이 아닙니다. 그러한 것들은 파생적인 것으로서 하나의 그림자에 불과한 것입니다.

진정한 행복을 발견한 사람은 가난해도 행복하고 버림받아도 행복하며 병들어도 행복하며 오해받아도 행복합니다. 외적인 것들이 그의 행복을 빼앗아 갈 수 있다면 그가 발견한 행복은 참 행복이 아닙니다.

인도의 순교자 칼다싱은 티벳에서 복음을 전하다가 잡혀 순교를 당하면서도 그의 기쁨을 잃지 않았습니다. 그가 아무리 때려도 기뻐하자 그들은 그의 몸의 껍질을 벗겼습니다. 그는 자신의 육체의 옷은 벗겨지나 주님께서 의의 새 옷을 입혀주신다고 기뻐했습니다.

그가 너무나 기뻐했기 때문에 그들은 그의 심장에서 기쁨이 나오는 줄 알고 그의 심장을 칼로 찔러서 꺼냈습니다. 그러나 그것은 작은 살 조각에 불과할 뿐이었습니다. 왜냐하면 그의 기쁨은 육체에서 나오는 것이 아니라 천국과 연결되어 있는 그의 영혼에서 나오는 것이기 때문입니다.

20세기 인도의 성자 선다싱이 전도하다가 잡혀서 물이 없는 우물에 던져졌었습니다. 그곳에는 수많은 시체들이 있었고 거기에서 살아 나온 사람은 없었으며 시체가 썩는 악취 때문에 그는 숨을 쉴 수조차 없었습니다.

그러나 그는 기적적으로 살아 나와서 고백했습니다. '나는 내 생애에 그렇게 주님께서 가까이 계셨던 경험을 해 본적이 별로 없었습니다. 나는 그분을 거의 만질 듯이 느꼈습니다. 그곳은 천국이었습니다. 나는 너무나 행복해서 흐느껴 울었습니다..'

돌에 맞아죽은 스데반은 천사 같은 얼굴을 하고 있었습니다. 이것은 어떤 이유일까요? 왜 칼다싱은 고문을 당하면서도 기뻐하고 선다싱은 지옥과 같은 곳에서 천국을 느끼고 스데반은 돌에 맞아죽으면서도 그 얼굴에 기쁨과 영광이 가득했을까요?

이는 그들이 다 참된 행복, 예수의 행복을 찾았기 때문입니다.

오늘날 사람들이 추구하는 행복은 환경에서 얻는 행복이며 근원에서 온 행복이 아닙니다. 예수의 선물이지, 예수 자신은 아닙니다. 선물은 바깥에 있는 것이며 안으로 들어 온 것이 아닙니다. 그것은 그림자이며 근원이 아닙니다. 내 안에 들어온 것만이 참된 내 것이 될 수 있는 것입니다.

재산을 잃고 불행하다면 그는 아직 참 행복을 찾지 못한 것입니다. 질병으로 인해서 불행하다면 그는 아직 참 행복을 찾지 못한 것입니다. 사랑하는 이를 잃고 불행하다면 그는 아직 참 행복을 발견하지 못한 것입니다.

진정한 행복은 예수이며, 영혼이며 보이는 것과 환경을 초월한 것입니다. 그는 예수를 잃을 때 불행해지고 오직 예수로 충만할 때 행복해지는 것입니다.

기도는 근원의 행복을 가르쳐줍니다. 기도는 더 이상 보이는 것들로 만족하지 못하게 합니다. 기도를 통하여 진실로 주님을 만나는 사람은 진정한 행복, 흔들리지 않는 복을 향하여 날마다 가까이 가는 것입니다.

기도는 근원입니다.
그것은 모든 것의 근본입니다.
기도를 통하여 그 근본을 발견한 이들은
영원히 그것을 놓지 않으며
그 영광의 만족 속에서 이생과 영원을 보내게 될 것입니다.

95. 기도는 통찰력의 산을 오르는 것입니다

낮은 곳에서는 먼 곳이 보이지 않습니다.
자기의 키만큼, 자기의 눈의 높이만큼 밖에 볼 수 없습니다.
그러나 높은 곳에 올라갈수록 시야가 넓어집니다.
예전에 보지 못했던 것들이 한눈에 들어옵니다.
마찬가지로 영적인 높은 곳에 오를수록
변화되는 것은 영적 시각, 즉 통찰력입니다.
전에 볼 수 없었던 자신의 결점들,
자기의 걸어 왔던 길을 돌이켜 보면서
예전에 볼 수 없었던 하나님의 의도를 볼 수 있게 됩니다.
보면 볼수록 그는
과거의 낮은 곳에서의 시각을 부끄러워하게 되고
좀 더 높은 곳에서 넓게 바라볼 수 있기를 소망하게 되며
각 사람들을 볼 때 그들의 여행의 정도,
그들의 위치의 정도를 분별할 수 있게 되어
그들의 영적인 상태에 맞도록 섬길 수 있는 것입니다.

많은 사람들이 너무나도 낮은 영역에서
판단하고 결정하고 섣불리 결론을 내리며
낮은 잣대로 사람을 판단하고 인생을 결정합니다.

그들은 보다 높은 시각이 있다는 사실조차 알지 못하며
근거 없는 자기 확신으로 움직입니다.
그리고 수 없이 실패하고 깨어진 후에야
비로소 다른 사람의 조언에 귀를 기울이며
좀 더 높은 곳으로 오르기를 원하는 것입니다.

우리에게는 더 많은 활동보다 더 높은 시각이 필요합니다.
좀더 높은 곳에 이를수록 멀리 잘 보이기는 하지만
떨어져서 다칠 위험은 커집니다.
그러므로 아래에서는 마구 뛰어 다닐 수 있으나
높은 곳에서는 그 모든 발걸음을 주님께 맡기고
한 걸음씩 조심스럽게 움직여야 합니다.
한발만 잘못 디디면 끝장이기 때문에
그곳에서는 많은 활동보다
보는 것과 고요함이 필요합니다.

기도 없이 여기 저기 많이 뛰는 것은
일시적으로 성공하는 듯이 보이지만 오래가지 않습니다.
우리는 통찰력이 생길 때까지, 주님이 보여주실 때까지
기도의 산을 올라가야 합니다.
요나가 탄 배가 풍랑을 만났을 때
사람들은 각각 자기의 신을 부르고
또 배를 가볍게 하려고 물건들을 바다에 버렸지만

요나는 그것이 소용없는 짓임을 잘 알고 있었습니다.
그는 풍랑이 어디에서 오는지 알고 있었기 때문입니다.
사람들은 바람이 일어나는 곳이 어디인지 몰랐지만
요나는 그 바람이 어디서 오는지 알고 있었습니다.
이는 그들이 다른 차원에 있었기 때문입니다.

우리의 평범한 삶 속에 일어나는 파도를 볼 수 있도록
우리가 걸어가는 삶의 전 흐름을 볼 수 있도록
우리의 삶에 계획된 하나님의 의도, 인도하심,
그분의 시각을 이해할 수 있도록
우리는 좀더 높은 곳으로 올라가야 합니다.

기도가 발전할수록 그의 통찰력은 발전합니다.
기도는 통찰력의 산을 오르는 것입니다.
기도가 깊어질수록 그는 통찰력의 높은 산을 오르게 되어
좀 더 많은 것을 보고 깨닫게 되며
주님의 의도와 인도하심을 알고
주와 같이 동행하며 아름다운 여행을 즐기게 되는 것입니다.

96. 기도는 섬이 아닙니다

교회에 나온 지 얼마 되지 않은 청년이 나의 설교를 듣고 같은 교회에 나오는 그의 가족에게 따집니다.
"우리끼리 한 이야기를 왜 일일이 목사님께 보고해요?"
상대방은 영문을 모르고 사과합니다.
그 다음에 다시 설교를 듣는데 그가 얼마 전에 다른 형제와 대화한 내용이 그대로 나옵니다. 그는 또 기분이 상합니다. '이 교회에 다니는 사람은 보고를 잘 하는구나..'
얼마 후에 그가 또 예배에서 말씀을 듣는데 이번에는 자기가 혼자 생각한 내용이 설교에서 그대로 나옵니다. 그는 생각합니다. 나도 일러바쳤나? 그것 참, 이상하다. 그런 적이 없는데.. 어떻게 목사님은 내가 생각하는 것을 알까?
그런 일이 계속 반복되자 어느 날 그는 심각한 표정으로 나에게 묻습니다.
"목사님. 심리학을 전공하셨어요?"
나는 대답합니다.
"아니요."
"그런데 어떻게 남의 마음속에 있는 것을 다 아십니까?"
나는 대답합니다.
"나는 잘 모릅니다. 다만 주님께서 전하라는 말씀을 전하다

보면 그런 얘기를 많이 듣게 되지요."

나는 계속 이야기합니다.

"형제님, '인간은 섬이 아니다' 라는 말을 들어 본 적이 있습니까?"

"글쎄요. 잘 모르겠는데요."

나는 설명합니다.

"섬과 섬은 표면에서 보면 서로 떨어져 있는 듯이 보입니다. 그러나 바다 밑으로 내려가다 보면 서로 육지로 연결되어 있고 하나라는 것을 알게 되지요. 마찬가지로 사람의 마음은 서로 떨어져있는 것처럼 보입니다. 의식의 표면에서는 서로 떨어져 있지요. 그러나 의식의 내부, 마음속의 깊은 곳으로 내려가 보면 서로의 마음이 연결되어 있으며 서로 하나라는 것을 알게 됩니다.

TV에서 오래 동안 헤어져 있었던 이산가족이 만나서 서로 붙들고 통곡을 하는 것을 방영한 적이 있었지요. 그 때 우리 모든 사람들은 다 같이 울었습니다.

왜 그랬을까요. 왜 전혀 관계없는 다른 사람들의 슬픔과 눈물을 보고 우리가 같이 울었을까요. 그것은 우리가 관계가 없는 사람이 아니라 서로 마음속의 깊은 곳에서는 하나로 연결되어 있기 때문입니다.

영혼이 아직 어린 사람은 섬과 같습니다. 그는 다른 섬과 분리되어 있지요. 그는 아직 의식이 어리기 때문에 자기 밖에 모르고 다른 사람들의 마음이나 입장을 전혀 느끼지 못합니다.

그래서 그는 오직 자신의 고통과 자신의 문제에만 집중하고 남에게는 관심이 없습니다. 다른 이가 고통스럽든 슬프든 별로 느끼지도 못하고 알지도 못하지요.

그러나 영혼이 자라고 발전하면 그는 차츰 의식이 깨어나고 깊은 곳으로 가게 됩니다. 그래서 의식이 섬에서 벗어나 속으로 내려가게 되어 다른 섬들과도 속에서는 붙어 있다는 것을 느끼게 되는 것이지요.

그래서 그러한 사람들은 다른 사람들의 마음이나 입장을 민감하게 느끼게 됩니다. 다른 사람이 고통스러워하면 같이 그 고통을 느끼고 아파하지요.

그렇기 때문에 영이 발전하고 어느 정도 자란 사람들은 자신의 기쁨보다 다른 사람들의 기쁨을 더 구하게 되고 다른 사람을 섬기며 돕는 것에 더 만족감을 느끼게 되는 것입니다.

왜냐하면 다른 이들을 돕는 것은 곧 자신을 돕는 것과 같은 것이니까요. 사람은 겉으로는 떨어져 있지만 속으로는 연결되어 있기 때문입니다.

그래서 어린 사람은 남에게 상처를 주고도 고통을 느끼지 못하지만 영이 자란 사람은 그러한 것은 언젠가는 반드시 자기에게 돌아오는 것을 알고 조심하며 다른 사람의 마음을 돌보며 상하지 않게 하는 것입니다.

그러므로 영이 어느 정도 발전하고 기도의 세계를 경험한 사람은 다른 사람의 마음을 느끼고 아는 것이 그리 어려운 일은 아닙니다. 그렇기 때문에 목회자는 기도하면서 설교를 준비하고 그러는 가운데 사람들의 문제가 무엇인지 필요한 것이 무엇인지 느끼고 알고 준비하게 되는 것이지요."

형제는 신기하다는 듯이 눈을 반짝거립니다. 재미있기도 하고 묘하기도 한 모양입니다.

인간은 섬이 아닙니다. 인간은 깊은 영 안에서 모두가 서로 하나입니다. 그러나 그것을 감지하고 교류하려면 깊은 기도의 세계로 들어가야 합니다.

기도의 초보자는 섬과 같아서 다른 이에게 관심이 없고 다른 이의 마음을 느끼지 못하며 항상 자신과 육체의 필요만을 구합니다. 그러나 그가 점차 기도의 바다에 깊이 들어가게 된다면 우리는 모두 하나인 것을 깨닫게 될 것입니다. 그리하여 그는 조금씩 다른 이들의 마음을 느끼게 되고 다른이들을 위한 삶을 원하게 되고 다른 이들을 위하여 기도하고 봉사하는 것에서 기쁨을 얻게 되는 것입니다.

기도는 섬이 아닙니다.
우리의 기도가 발전할수록
우리는 섬이 아니고 대륙인 것을 알게 될 것입니다.
기도의 깊은 곳에서
주님의 사랑 안에서
우리는 모두 하나입니다.

97. 기도의 계단을 오르십시오. 1단계 – 애굽

기도에는 3단계가 있습니다. 나는 그것을 애굽의 기도, 광야의 기도, 가나안의 기도라고 부릅니다. 또는 바깥뜰의 기도, 성소의 기도, 지성소의 기도라고도 부릅니다.

어떤 사람은 영혼의 발달 수준이 애굽의 단계에 있습니다. 어떤 사람은 광야의 단계에 있습니다. 어떤 사람은 가나안의 단계에 와있기도 합니다.

각 사람들은 자기가 속해 있는 영계의 수준에 영향을 받으며 자기의 수준에 맞는 기호, 욕망, 사고 방식, 이해 체계, 가치관 등을 가지게 되며 자기 욕망의 수준에서 만족감을 얻게 됩니다.

영혼이 좀 더 성장하면 이전의 것으로는 만족하지 못합니다. 기도도 이와 같이 각자의 수준에서 영성의 발전 단계를 따라 드려지는 것입니다.

애굽의 단계는 가장 영의 발달이 이루어지지 않은 단계입니다. 이 단계에 속한 사람의 관심은 주로 몸에 있습니다. 그는 입을 것, 먹을 것, 세상일의 생각으로 가득합니다. 그의 수준에서는 썩지 않을 것, 영원한 것에 대한 이해나 소원이 거의 없습니다. 그의 관심은 오직 세상의 성공에 대한 것뿐이며 영적인 세계는 아주 비현실적인 것으로 느껴집니다.

그는 주님의 실제를 누리는 것이 어렵습니다. 주님은 영이시므로 영을 통해서 교제할 수 있는 데 그는 영의 기능이 거의 발달되어 있지 않았기 때문입니다. 주님께서는 이들을 육체의 수준에서 만나주십니다. 몸의 감각을 통하여 불과 능력을 경험하게 하십니다. 이것은 영성이 발전되지 않은 사람에게 임재하시는 주님의 방법입니다.

아직 그의 육체가 거의 처리되지 않았고 아직 그의 가치관이나 사고 방식이 세속적이고 자연적이므로 그의 내면에 주님이 임재하시기 어렵습니다. 그리하여 주님께서는 그의 외부에서 역사 하시는 것입니다. 그러나 이것은 어디까지나 임시적인 방편으로서 주님의 영이 운행하시는 일반적인 방법은 아닙니다. 그러므로 나중에 그가 이 단계를 넘어서서 그의 육이 어느 정도 처리되고 십자가가 역사하여 그의 내부가 주님과 조화를 이루게 되고 영이 어느 정도 성장하게 되면 그의 외적인 경험은 차츰 줄어들게 됩니다. 그리하여 그의 내면의 주의 임재를 누리게 됩니다. 그리하여 그의 내면에서 그영의 풍성함이 흘러나오게 되는 것입니다.

애굽에서는 오직 권능을 받아 영적 전쟁을 통하여 바로를 제압해야 합니다. 애굽에서는 아무런 기업이 없으며 될 수 있는 한 빨리 그곳을 빠져 나와야 합니다. 이것이 기도의 첫 번째 계단, 능력 기도의 단계입니다. 이 단계는 육체의 단계입니다.

육체의 단계에는 파장이 있습니다. 산이 지나고 나면 골짜기가 있습니다. 능력의 역사를 경험한 만큼 육체의 성질이 올라옵니다. 기도의 황홀경을 경험한 다음 순간에 깊은 좌절과 침체가 옵니다.

이 단계의 찬양 인도자는 예배를 인도하며 감동을 맛보지만 집에 가면 성질이 올라옵니다. 달콤함을 맛보지만 죄악의 습관은 끊어지지 않습니다. 강하고 담대하게 외치지만 인품은 여전히 사납습니다. 순간적으로 행복감을 경험하지만 다음 순간에 탐심과 정욕이 꿈틀거립니다. 기도와 찬양 중에 성령의 권능으로 쓰러지지만 자리에서 일어나면 여전히 세상을 사랑합니다.

영혼의 기능이 발전되어 주님을 만나는 것과 육체에 은혜가 임하는 것의 차이점을 모르는 많은 사람들이 약간의 능력을 경험한 후에 사탄의 유혹에 넘어집니다. 영혼이 발전되면 삶과 인격과 가치관 전체가 바뀌는 것이며 은사가 발전되는 것은 하나의 기능이 발달되는 것입니다.

영혼은 전체이며 몸에 임하는 은혜와 능력은 부분입니다. 그것은 인격적인 것이 아니라 기능적인 것입니다. 생전에 발전시킨 영혼의 상태와 열매는 사후에도 유지되지만 은사와 권능 자체는 늙을수록 약해지며 영원한 곳에서는 아무 소용도 없습니다. 다만 이 땅에서 어린 영혼들을 위한 표적으로 일시적으로 쓰일 뿐입니다.

애굽은 완전하지 않습니다. 이곳은 불완전한 기도의 단계입니다. 할 수 있다면 빨리 이 바깥뜰의 기도에서 다음 단계로 발전하셔야 합니다.

애굽은 영혼의 유아기와 같기 때문에 가장 주님의 사랑도 많이 받고 기도의 응답도 많이 받습니다. 기쁨을 쉽게 많이 맛볼 수 있는 반면에 육이 살아있기 때문에 변화된 삶을 살기가 가장 어렵습니다.

이 단계에서는 기도를 많이 해도 육체의 욕망을 제어하거나 죄성을 이기는 것이 어렵습니다. 결단은 많이 하지만 지킬 수 있는 것은 별로 없습니다. 수 없이 후회하고 울어보아도 그 순간이 지나고 나면 다시 옛 습관을 되풀이합니다.

이 단계를 통과하려면 많은 환란과 고통, 좌절, 실패의 경험이 필요하며 깨달음과 순종을 통해서만 다음 단계로 갈 수 있지만 많은 시간이 필요합니다. 이 시간은 각 개인이 경험하고 깨달은 분량과 순종의 정도에 따라 결정됩니다. 교훈을 빨리 익히고 다음 훈련의 단계로 가는 사람도 있으며 고집이 세고 미련해서 똑같은 고생을 계속 반복하는 사람도 있습니다.

이 단계에서는 금식이나 절식 훈련이 좋습니다. 먹는 것을 절제하지 못하는 사람은 성적인 욕망도 절제하지 못합니다. 성적인 욕망을 절제하지 못하는 사람은 명예욕도 거절하지 못합니다. 그러한 사람은 사람의 인정받는 것을 좋아하게 됩니다.

먹는 것이 마냥 행복한 사람은 애굽을 넘어설 수가 없습니다. 왜냐하면 모든 욕망은 먹는 데에서부터 시작되기 때문입니다.

애굽에서는 영의 느낌이 거의 없고 몸의 감각에만 민감하기 때문에 묵상 기도나 듣는 기도를 하는 것이 어렵습니다. 영의 발전 상태나 성향이 사람마다 약간씩 다르긴 하지만 대체로 애굽에서는 몸을 사용하여 기도합니다. 발성 기도나 손을 사용하거나 몸을 움직이면서 기도합니다.

　이 사람들에게 내적 기도를 가르치면 그들은 졸거나 잠이 듭니다. 그들은 하품을 하거나 능력이 오지 않는다고 불평을 합니다.

　어느 정도 영이 자랄 때까지 그들은 소리를 질러야 할 것입니다. 박수를 치고 몸을 흔들어야 할 것입니다. 조용한 곳을 견디지 못하기 때문에 그들은 활기가 있고 재미있는 곳으로 가야할 것입니다.

　고요함은 그들의 속에 있는 어두움의 세력을 드러내기 때문에 어둠의 영들이 그들에게 고통을 주고 그들은 견뎌내지 못하는 것입니다. 죄의 고통을 견딜 수 있기 위하여 그들은 둔감해지는 것입니다.

　어느 정도 영이 자라면 그들은 허무해집니다. 그들은 만족하지 않게 됩니다. 전에는 대단하게 보였던 승리, 꿈의 성취, 성공, 야망.. 그런 것들이 이제 별 것 아닌 것으로 여겨집니다.

　그들은 비참해집니다. 그들이 변덕이 생긴 것이 아니라 그들이 조금 자라서 관점이 바뀌어 진 것입니다. 그리고 나면 그들은 다음 단계로 들어 갈 수 있습니다.

　할 수만 있다면 빨리 애굽을 벗어나십시오. 될 수 있는 한 거기서 오래 머무르지 마십시오.

　육체의 욕망을 거절하십시오. 당신이 성공하면 성공할수록 당신은 거기서 나오지 못합니다. 당신이 실패하고 고통 할수록 당신은 거기서 나올 수 있습니다. 낙심과 절망, 꿈의 좌절과 실패는 당신을 거기에서 나오도록 도와줍니다.

이스라엘 백성은 처음에는 애굽에서 행복하게 살았습니다. 그러나 요셉이 죽고 애굽의 왕이 바뀌고 핍박을 받기 시작하면서부터 그들은 애굽이 자신들의 고향이 아니라는 사실을 깨닫게 됩니다.

육체의 욕망은 우리의 본질이 아닙니다. 육이 잘되면 잘될수록 영혼이 눈을 뜨고 흘러나오는 것은 불가능합니다.

능력 기도, 은사 기도를 너무 좋아하지 마십시오.

많은 능력과 기적, 권능들.. 그것들은 멋있게 보이지만 기초에 불과합니다. 빨리 그 단계를 벗어나야 합니다.

신앙에 있어서 하나님의 능력을 경험하는 것은 필요하고 중요합니다. 그것을 부인해서는 안 됩니다. 그러나 그것은 초기의 과정임을 기억해야 합니다. 거기에 머물러 있어서는 안 됩니다. 그 초보를 지나 주님의 인도하심을 따라 다음의 단계로 나아가야 하는 것입니다.

98. 기도의 계단을 오르십시오. 2단계 – 광야

애굽이 능력이 임하는 곳이라면 광야는 십자가, 자기 부인, 정화의 장소입니다.

애굽에서 사람들은 하나님의 임재를 발견합니다. 권능의 세계, 불의 세계, 하나님의 영광을 발견합니다. 그들은 바로의 권세에서 벗어나게 됩니다. 그들은 승리의 삶의 맛을 알게 됩니다. 그들은 기독교가 너무 좋은 것임을 알게 됩니다. 그들은 하나님이 살아 계신 분이심을 알게 됩니다. 그들은 하나님을 찾기만 하면 모든 것들이 아무런 문제가 되지 않는 것을 발견합니다.

그러나 때가 되면 그들은 광야로 갑니다. 그들은 온갖 낙관적인 생각으로 가득 차 있지만 그들은 광야로 갑니다.

이곳은 달콤한 곳이 아닙니다. 고통과 쓴 뿌리, 눈물만이 가득한 곳입니다. 애굽은 하나님의 백성이 하나님의 시간이 되었을 때 하나님을 발견하고 자신이 하나님의 자녀임을 알게 되는 곳입니다.

그러나 아직도 그의 본성은 세상의 사람, 육체의 사람입니다.

광야는 주님의 깨우치심을 통하여 자신의 본성을 발견하는 곳이며 영에 속한 사람이 되기 위하여 겉 사람이 죽음을 경험하는 곳입니다.

이곳에서는 기본적인 생명을 유지하는 것 외에는 모든 요구들이 거절됩니다. 애굽에서 경험했던 은혜의 하나님께서 이곳에서는 무서운 훈련의 채찍을 드십니다.

애굽은 하나님의 은혜로 거저 통과했으나 이곳에서는 자기의 정과 욕심을 십자가에 못박고 (갈5:24) 순종하지 않는 사람은 아무도 광야의 바깥으로 나아가지 못합니다.

애굽에서 능력을 받았어도, 응답을 받았어도, 기적을 행했어도.. 이곳에서는 자신의 고집을 주님께 굴복시키지 않고는 한 걸음도 앞으로 나아갈 수 없습니다.

애굽에서 기적을 맛보고 이스라엘 백성은 신이 납니다.

"와! 좋다! 이게 바로 예수 믿는 맛이구나! 오래 믿으면서 권능도, 승리도 없는 사람은 도대체 뭐야!"

그들은 신이 납니다. 앞날에 대한 비전, 이상, 즐거움으로 가득합니다. 그러나 그들은 자신들의 속에 무엇이 있는지 모릅니다. 아직 자신들이 주님을 섬길 준비가 되어있지 않음을 모릅니다. 아직 자신의 속에 처리 받아야 할 수많은 악의 목록이 있다는 사실을 알지 못합니다.

그들은 광야로 갑니다. 하나님께서 그들을 광야로 인도하십니다. 주님이 요단강에서 성령이 임하신 후에 (마3:16) 성령께서는 예수님을 광야로 인도하십니다. (마4:1) 그것은 영적 여정의 모형을 보여주시는 것입니다.

다윗도, 요셉도, 야곱도, 아브라함도, 모든 하나님의 사람들은 광야를 통과합니다. 이 시대에도 그 하나님의 법칙은 여전합니다. 누구나 애굽에서 약간의 권능과 승리를 맛보고 그 다음에는 참 하나님의 백성이 되기 위하여 광야의 훈련을 통과합니다.

물질 훈련, 애정 훈련, 명예 훈련, 성품 훈련.. 우리가 애착을 가지고 있는 것을 하나씩, 하나씩 십자가를 통과하게 하십니다.

빨리 깨닫고 순종하여 광야 2단계, 3단계.. 이렇게 발전하여 가는 사람도 있으며, '억울하다, 억울하다, 내가 왜 당해야돼.. 저가 나한테 그럴 수 있어..' 하고 푸념하면서 오랫동안 광야의 낮은 곳에서 고통 하는 사람도 있습니다.

다윗은 사무엘을 통하여 성령의 기름부음을 받고 이날 이후로 여호와의 신에게 크게 감동됩니다.(삼상16:13)

다윗은 신이 납니다. '오! 이 감동, 이 기쁨! 나는 기름 부은 왕이 될 꺼야!' 그러나 그는 광야로 갑니다.

그에게 사울의 창이 날아옵니다. 그는 왕좌에 오르는 대신에 굴속으로 도망갑니다.(삼상24:3) 그가 기대하던 환희의 춤 대신에 그는 살아남기 위해 미친 짓을 합니다.(삼상21:13) 그는 왕위에 오르기 전까지 광야에서 왕이 되기 위한 수업을 받습니다.

미리암은 춤을 춥니다.

"하나님을 찬양하라. 그는 말과 그 탄 자를 바다에 던지셨음이로다."(출15:21)

그러나 그 찬양하던 입술의 침이 마르기도 전에 그들은 원망의 말을 토하고 미리암은 넘어집니다. 그녀는 불평하다가 문둥이가 됩니다.

벧엘의 하나님을 경험한 야곱.. 그는 감격합니다. "여호와께서 과연 여기 계시거늘 내가 알지 못하였도다."(창28:16)

그러나 그는 광야로 갑니다.

놀라운 꿈의 사람, 요셉. 그러나 그는 광야로 갑니다.

주님의 손에 붙들린 바울, 그 빛에 거꾸러진 바울.. 그러나 그는 광야로 갑니다.

주님께서 아브람에게 말씀하십니다.

"본토 친척 아비 집을 떠나라. 내가 네게 지시하는 곳으로 가라."

아브람은 순종하고 그곳에 도착합니다. 그곳에서 기근이 옵니다. 주님께 순종하자 기근이 옵니다. 그는 광야를 경험합니다. 그리고 그가 광야에서 나오기까지는 많은 시간이 걸립니다.

애굽에서는 하나님의 살아 계심을 발견하고 광야에서는 자신의 죄성을 발견합니다. 몸은 애굽을 나왔으나 마음속에는 아직도 애굽의 속성이 있습니다. 여전히 죄를 좋아하고 편안함을 좋아하며 세상을 사랑하고 자아를 사랑합니다. 주님의 뜻을 좋아하지 않으며 나의 뜻, 나의 성향, 나의 취향을 사랑합니다.

그러나 광야의 땅은 이러한 모든 땅의 성분을 죽이고 가나안의 요소, 하늘의 성분을 사모하게 하는 장소이므로 이기심, 고집, 정욕, 불순종, 자기 연민, 원망, 등이 다 죽을 때까지 아무도 이곳을 벗어나지 못합니다.

광야 단계에 있는 사람은 항상 자신이 옳다고 생각합니다. 자신이 많이 안다고 생각합니다.

그래서 그는 쉽게 남들을 비판합니다. 자신의 뜻에 맞지 않으면 하나님도 비판합니다. 그러나 그는 자신이 항상 맞는 것 같은데, 이상하게도 되는 일이 없습니다.

그래서 그는 항상 억울합니다. 그러므로 하나님을 원망합니다. 아직 그의 영적 발달 단계가 이해의 수준에 머물러 있기 때문입니다.

이 수준에서는 모든 것을 다 아는 것 같은 데 실상은 거의 없는 단계입니다. 가르치기는 잘 가르치지만 자신도 그렇게 살지 못하고 이론만 제시할 수 있는 허상의 단계, 그것이 광야의 단계입니다.

누구든지 억울함과 원망이 가슴에 많이 쌓여있다면 그는 결코 이곳을 벗어날 수 없을 것입니다. 오직 주님께 감사하고 굴복하고 순종할 때만 그는 이곳에서 나갈 수 있게 됩니다.

초신자 때는 기도하는 것마다 응답 받지만 조금 시간이 흐르면 모든 것이 거꾸로 응답됩니다. 내 뜻대로 되는 것이 하나도 없습니다.

당신의 기도가 막히고 주님의 달콤함이 사라진다면, 특별한 죄도 발견되지 않는 데 주님께서 당신을 매몰차게 다루신다면, 당신은 지금 광야의 문턱에 있는 것입니다.

잠시 주님께서는 당신에게서 긍휼을 제거하시고 당신의 어떤 부분을 다루실 것입니다. 이때는 은혜의 시간이 아니기 때문에 눈치 없이 응석을 부리지 말고 다음의 긍휼의 시간이 올 때까지 납작 엎드려서 이 시기를 통과해야 합니다.

조용한 기도를 할 때 애굽인 들은 잠을 자지만 광야인 들은 잡념이 많습니다. 그들은 생각이 복잡합니다.

광야에서는 모든 것들이 복잡해집니다. 신앙은 단순한 것이며 자신은 많은 것들을 알고 있다고 생각했는데 이제는 모든 것이 혼란스럽습니다. 전에 가졌던 많은 확신들이 이제는 퇴색되고 과연 자신이 지금 옳은 쪽에 있는지 확신을 할 수가 없습니다. 도대체 하나님의 뜻이 무엇인지, 어디 있는지 혼란에 빠지게 됩니다.

그러나 기억해야 할 것은 당신이 헤매고 방황하며 이해할 수 없는 순간에도 하나님의 가르치심과 인도하심은 계속 이루어지고 있다는 사실입니다. 당신의 이해가 흔들리는 것도 한 교육의 과정으로서 당신을 새로운 깨달음과 빛의 세계로 인도하시는 것이며 점차 당신이 자신의 이해가 아닌 그분에 대한 신뢰로서 길을 걸어갈 수 있도록 이끄시는 것입니다.

이곳을 통과하기 위해서 우리는 침묵을 배워야 합니다. 단순히 소리의 침묵이 아닌 마음의 침묵, 의지의 침묵을 배워야 합니다. 어떤 변명도, 자기 연민도, 자기 합리화도 여기서는 용납되지 않습니다.

주님의 뜻과 인도하심에 오직 침묵하며 나아가야 합니다. 그것이 나의 기질에 맞는 것이든, 아니든, 내가 가장 싫어하는 것이든, 아니든, 내가 가장 할 수 없는 것이든, 아니든 간에 오직 순종과 침묵으로 나아가야 합니다.

도살장으로 끌려가는 어린양과 같이 털 깎는 자 앞에 잠잠한

양과 같이(사53:7) 우리는 그저 조용히 걸어가야 합니다.

어떤 일을 겪어도 십자가 옆의 강도와 같이 우리는 마땅히 받을 것을 받는다고 고백해야 합니다.(눅23:41)

왜 그렇게 상처받는 사람들이 많고 왜 그렇게 억울한 사람들이 많을까요. 그것은 그들이 아직 광야에 있으며 아직도 그들의 마음이 높은 곳에 있으며 참된 깨달음을 얻지 못했기 때문입니다. 이 우주 안에서 진정 억울하고 상처받은 사람이 있다면 그분은 오직 예수 그리스도 한 분뿐입니다.

훈련을 통하여 고집과 육성이 굴복될수록 그는 광야를 벗어나게 됩니다. 사소한 것에도 주님께 굴복되며 자기의 의견을 버리고 원망을 버리고 오직 주님의 뜻을 구하며 감사하고 순종하게 될 때 그는 광야에서 서서히 나가게 됩니다.

애굽도 신앙의 본질이 아니지만 광야도 신앙의 본질이 아닙니다. 이곳은 가나안에 입국하여 참다운 신앙 생활을 할 수 있도록 훈련받는 귀한 믿음의 학교인 것입니다. 부디 주님께 온전히 순복함으로 이 과정을 벗어나십시오.

광야를 벗어나 새로운 영역으로 들어갈 때 당신은 진정한 믿음과 영광의 세계를 경험하게 될 것입니다.

99. 기도의 계단을 오르십시오 3단계 – 가나안

애굽에서 하나님의 살아 계심을 경험하고 광야에서 자아의 죽음을 경험하며 가나안에서는 나와 주님의 연합을 경험합니다. 그 연합의 정도는 광야에서 십자가의 죽음을 통과한 정도입니다.

광야는 고통과 시련의 장소이며 애굽과 가나안은 기쁨을 경험하는 장소입니다. 그러나 애굽의 기쁨과 가나안의 기쁨은 차원이 다릅니다. 애굽은 나를 기뻐하는 곳이며 가나안은 주님을 기뻐하는 곳입니다. 애굽에서는 옛 본능의 충족을 기뻐하며 가나안에서는 새 본능의 충족을 기뻐합니다.

애굽에서는 나의 성공, 내 이름, 나의 즐거움, 승리를 사랑하지만 가나안에서는 주님의 성공, 주님의 이름, 주님의 즐거움, 승리를 사랑합니다.

애굽의 기쁨은 혼탁한 기쁨이며 그 기쁨을 경험한 만큼 광야에서 고생해야 하지만 가나안의 기쁨은 순수한 기쁨이며 천국에서도 계속 누릴 수 있는 기쁨이며 광야의 죽음을 경험한 만큼 얻을 수 있는 기쁨인 것입니다.

가나안은 사랑의 단계입니다. 사람의 심령은 사랑의 곳간입니다. 사람들은 오해하기를 주님을 사랑하기 원하면 사랑할 수 있는 줄 압니다. 형제를 사랑하기 원하면 사랑이 되어지는 줄 압니다. 그러나 그것은 오해입니다. 순수한 사랑은 영혼에서 흘러나

오는 것으로서 육신의 생명이 소멸되고 영혼이 발전되지 않은 사람은 아무리 사랑을 하기 원해도 사랑을 할 수가 없는 것입니다.

사실 그는 사랑하기를 원할 수도 없습니다. 그는 사랑이 뭔지도 모르기 때문입니다. 영혼이 발전되지 않은 사람이 사랑이라고 생각하는 것은 사실 사랑이라기보다는 소유욕이며, 욕심이며, 자기 본위이며, 자기 욕망이기 때문입니다.

몸의 기능이 없으면 움직일 수 없고 머리의 기능이 없으면 생각할 수 없듯이 영혼의 기능이 발전되지 못하였으면 사랑하는 것이 어렵습니다. 오직 성숙되고 진보된 영혼만이 속에서 영혼의 기능이 흘러나와 쉽고 자연스럽게 사랑을 표현하고 나눌 수 있는 것입니다.

애굽의 사랑은 자아 적인 사랑입니다.

그들이 가족을 사랑하든, 그의 연인을 사랑하든, 그들의 사랑은 순수하지 않으며, 육적이고, 아담적이며 주님과의 관계를 방해합니다.

그러나 가나안의 단계에서 사랑할 때 그 사랑은 주님을 방해하지 않으며 자연스럽게 그의 속에서 주님이 흘러나와 그를 통하여 주님의 사랑이 나타나게 되는 것입니다.

몸은 정욕을 사랑하고 머리는 지혜를 좋아합니다. 심령만이 주님을 사랑하고 사람을 사랑할 수 있습니다. 영혼이 발전되었을 때 주님께서 비로소 그에게 깊이 임하시고 좌정하시며 은사 능력도 아닌, 지혜의 계시도 아닌, 온전한 사랑 속에서 연합되어 교통할 수 있게 되는 것입니다.

애굽의 단계를 통과하지 못한 사람은 지각이 열리지 않아서 수많은 진리와 지식을 배워도 아무 것도 이해하지 못합니다.

그들의 지각은 단순하여 육신의 필요에 대하여 고정되어 있으며 어두운 골짜기를 싫어하고 골치 아픈 것을 싫어하며 그저 아무 문제없이 편안하고 먹을 것만 있으면 됩니다.

이들에게는 많은 것을 가르칠 수 없습니다. 그저 안아주고 웃어주고 사랑해주는 것으로 충분합니다.

시간이 흐르면 그들의 지각이 열리고 그들은 지식과 지혜를 사모하게 됩니다. 그들은 무엇이 참 진리이고 의미가 있는 것인지를 열심히 연구하고 배우고 싶어 합니다.

그러나 아직도 그들은 실제가 없습니다. 시간이 흘러 여기에서도 탈진하고 한계를 느끼게 되며 드디어 어느 순간 영혼의 길, 신적인 세계가 열리게 되며 그 세계는 곧 사랑의 세계인 것입니다.

주님의 세계는 사랑의 세계이며 마귀의 세계는 미움의 세계입니다. 천국의 실상은 사랑이며 지옥의 실상은 미움입니다.

주님과 천국의 실제를 발견해 갈수록 그는 사랑하게 되며 사랑의 실상을 알게 될수록 그는 주님을 추구하게 되는 것입니다.

영혼이 열릴수록 사람들은 갈증을 느끼게 됩니다.

그 갈증의 대상은 돈이 아니고 편안한 삶도 아니며 사람들에게 인정받는 것도 아니며 오직 주님, 그분 자신입니다.

주님께 대한 갈증은 점점 더 타오르고 타올라 그는 주님을 얻기 위하여 미친 사람과 같이 됩니다.

그분 자신을 얻기 위해서라면 이 사람은 그 아무 것도, 목숨까지도 아까워하지 않을 것입니다.

사람들은 처음에는 자신의 욕망을 구하며 그 후에는 진리를 구하게 되며 마지막으로는 주님 자신, 곧 사랑을 갈구하게 되는 것입니다.

많은 사람들이 애굽에서 죽습니다. 모세가 오기 이전에 많은 사람들이 애굽에서 죽었습니다. 그들은 구원받지 못했을까요?

아닙니다. 그들은 약속의 자녀들입니다.

애굽에서 광야로 나왔던 대부분의 백성들이 광야에서 죽었습니다. 그들은 구원받지 못했을 까요? 아닙니다. 그들은 어린양의 보혈을 통하여 바로의 압제에서, 마귀의 압제로부터 탈출하였습니다. 그들은 모두 구원을 받았을 것입니다.

그러나 그들의 구원은 너무나도 낮은 차원의 구원입니다. 그 구원은 불 가운데에서 얻은 구원인 것입니다.(고전 3:15)

기독교는 그렇게 유치한 것이 아닙니다. 세상 사람들이 목매다는 것에 그렇게 똑같이 매달릴 것이 기독교의 목적이 아닙니다. 기독교의 구원은 차원이 다른 것이며 훨씬 더 깊은 것입니다. 그것은 이 우주를 지으신 하나님의 충만한 생명을 직접 경험하고 맛보고 동참하는 것입니다. 곧 신의 성품에 참예하는 것입니다.(벧후 1:4)

애굽에서 볼 때는 광야인 들이 한심합니다. 광야에서 볼 때는 가나안 인들이 불쌍합니다. 그러나 가나안에 이르러서야 종합적인 안목으로 애굽과 광야와 가나안의 의미를 볼 수 있게 됩니다.

자기가 여행해 본 길에 대해서만 어느 정도 알 수 있으며 많은 시간이 흘러서야 비로소 지나간 삶의 의미와 방향을, 그 길을 이끄신 분의 의도를 감지할 수 있는 것입니다.

우리는 좀더 깊은 곳으로 가야 합니다. 좀더 깊은 구원의 단계로 가야 합니다. 좀더 깊은 곳에 가야 깊은, 의미 있는 기도를, 주님이 원하시는 기도를 드릴 수가 있습니다.

샘물이 흐르고 흘러 강물이 됩니다. 강물은 흐르고 흘러 바닷물이 됩니다. 그 물은 샘물일까요, 강물일까요, 바닷물일까요.

그는 샘물이며, 강물이며, 바닷물입니다. 거기에는 구별이 없습니다.

많은 훈련을 거쳐 가나안에 이른 사람에게 주님께서 묻습니다.

"너의 소원이 무엇이냐?"

그는 대답합니다.

"오, 주님. 당신이 나의 소원입니다. 당신이 원하시는 것, 당신께서 기뻐하시는 것.. 그것만이 나의 소원입니다.."

그는 샘물이지만 동시에 바닷물입니다.

그는 자신이면서 동시에 주님과 하나인 것입니다.

주님의 뜻이 곧 자신의 뜻인 것입니다.

애굽에서 하나님을 만나고

광야에서 자기 욕망이 정화된 사람은
오직 주님만을 구합니다.
자신의 타고 난 소원들은
바퀴벌레의 먹이만큼이나 부질없는 것
그는 오직 주님, 그분의 신령하고 영원한 양식만을 구합니다.
시간이 흐르고 죽음이 옵니다.
육체는 흔적도 없이 사라지고
머리의 기능도 없어져 버립니다.
그러나 영혼만은 영원히 남습니다.
영혼의 사랑만이 영원히 남습니다.
그가 사랑했던, 친절하게 대했던
사랑의 행위, 사랑의 흔적만이 영원히 남습니다.
발전된 그의 영혼의 상태는 영원히 남아
영원한 곳에서 영원토록 사랑하고 섬기게 되는 것입니다.
우리는 계속적인 기도를 통해
더욱 깊은 곳으로 발전해가야 합니다.
오직 사랑만이 가득한
하나님의 현존이 가득한 그곳을 향하여
사모하는 마음으로 계속 걸어가야 할 것입니다.

100. 기도는 재회의 약속입니다

밤이 되어 이불을 펴고 불을 끄고 자리에 누우면 나는 아내와 아이들이 누워있는 방으로 살그머니 들어갑니다. 아이들은 "아빠 왔다!"고 소리칩니다. 나는 밤에 잠이 들기 전에 방안의 불을 끈 상태에서 온 가족이 함께 누워서 이야기하고 노는 것을 좋아합니다.

우리들은 끝말 이어가기를 하기도 하고 동물 울음소리 흉내내기 대회나, 스무고개 놀이를 하기도 합니다. 하루에 있었던 일을 이야기하기도 하고 아빠와 엄마의 연애 이야기나 아이들의 어렸을 때 이야기를 하기도 합니다. 아이들은 아직도 어리지만 그래도 아기 때 이야기를 몹시 좋아하며 추억에 잠기기도 합니다. 성경의 이야기나 동화, 위인들의 이야기도 들려줍니다. 우리에게 이 시간은 몹시 행복하고 즐거운 시간입니다.

그러나 아빠와 아이들은 이 시간을 몹시 좋아하지만 엄마는 아빠를 쫓아내려고 애를 씁니다. 늦게 자게 되면 아침에 아이들이 일어나는 것이 힘들기 때문입니다. 그래서 아내는 나를 쫓아내고 아이들은 나를 붙들고 늘어집니다.

그들은 "아빠 제발.. 조금만 더 있다가요.. 꼭.. 1분만.." 하고 말합니다. 어떤 때는 너무나 애절하게 간구 합니다.

"엄마, 제발.. 꼭.. 1분만.."

심지어 울 때도 있습니다. 떠날 시간이 되면 아빠는 하나씩 뽀뽀를 해주고 축복기도를 한 후에 떠납니다. 그런데 어떤 때는 아이들이 그 헤어짐을 너무 슬퍼하면서 우니까 아내가 달랩니다.

"얘들아, 아빠가 멀리 가는 게 아니야. 바로 옆방이란다.
내일 아침이면 또 만날 수 있단다.."

나도 그들과 함께 자고는 싶지만 나는 책을 보고, 기도하고, 수없이 자다 깨고, 깨서 글을 쓰는 등 잠을 이상하게 자니까 함께 잠을 잘 수는 없습니다. 그래서는 아이들의 생활이 엉망이 되겠지요.

오늘밤도 나는 아내와 아이들과 헤어집니다. 아침이 되면 나는 아내와 아이들을 만날 것입니다. 그러나 나는 그 동안에도 아내가 그립고, 아이들이 그립습니다.

기도할 때 나는 아이들이 생각납니다.

"아빠, 조금만 더.. 조금만 더 있다가요."

"사랑해.. 얘들아.. 잘 자거라.. 내일 아침에 안아 줄게."

" 싫어요. 엉엉.. 안 돼요.. 안 보낼 거야. 아빠 가지 말아요.. 엉엉.."

기도할 때 어느 때는 주님의 임재가 선명합니다. 기도의 맛이 너무도 달콤합니다. 그러나 어떤 때는 정말 나 혼자 있는 것 같이 느껴집니다. 말씀을 묵상하고 위로 받으려 해도 그냥 허공에 뜬 기분입니다.

나의 잘못이 무엇인지 아무리 생각해도, 주님의 뜻이 무엇인지 아무리 알려고 해도, 여전히 나는 모르겠고 답답하고 속이 상합니다. 주님의 임재가 가까이 올 때 나는 그렇게 말하고 싶어집니다.

'주님.. 제발.. 주님.. 제발..
이제는 가지 마세요.. 주님.. 제발..'
언젠가 나는 펑펑 울면서 기도한 적이 있었습니다.
"주님.. 더 이상 이렇게 만나는 것이 싫습니다. 이렇게 흐린 거울로 보는 것 같이 흐릿한.. 이러한 만남이 싫습니다. 언제나 당신을 얼굴을 맞대고 보게 될까요? 언제나 다시는 헤어짐 없이 당신 안에 영원히 거하게 되는 걸까요? 저는 당신을 사랑하고 또 사랑하는데 왜 이렇게 헤어져 있어야 할까요?"
나는 울고, 또 웁니다.

사랑은 그리움을 낳고
그리움은 아름답지만 고통스러운 것입니다.
나는 주님의 대답을 느낍니다.
그리고 정답이 무엇인지 압니다.
하지만 그것이 너무 슬플 때가 많습니다.
우리는 아직 더 길을 가야 합니다.
더욱 더 정화되어야 하며 더욱 더 발전해가야 합니다.
우리의 사랑은 더욱 더 순수하며 발전해가야 합니다.
아직 육체가 있는 동안에 더욱더 영적 진보를 이루고
주님의 마음을 담아 순종하며 복음을 전하고

주의 가르치심을 전하며 나아가야 할 것입니다.

기도는 재회의 약속입니다.
오늘 우리의 만남은 완전한 것이 아니지만
찬란한 부활의 새 아침에
우리는 그분을 다시 만날 것입니다.
그때는 그분을 굳게 붙잡고
다시는 놓치지 않는
영원한 만남을 가질 것입니다.
그리고 그 날까지
우리는 불완전하지만 기도의 걸음을
계속하여 걸어가야 할 것입니다.

"천국에서 만나보자. 그 날 아침 거기서
순례자여 예비하라 늦어지지 않도록
만나보자 만나보자 저기 뵈는 저 천국 문에서
만나보자 만나보자 그 날 아침 그 문에서 만나자."

-찬송가 293장-

도서구입신청

도서 구입을 원하시는 분들을 위한 안내입니다.

1. 도서 목록 확인

페이지를 넘기시면 정원 목사님의 도서 전권이 안내되어있습니다.
도서 목록을 참조하셔서 필요로 하시는 책을 선택하십시오.
각 도서의 자세한 목차와 내용을 원하시면 정원목사 독자 모임 카페의 [저자 및 저서소개] 코너를 참조하십시오. (http://cafe.daum.net/garden500)

2. 책신청

구입하실 도서를 결정하신 후에, 영성의 숲 출판사로 전화를 주세요.
(02-355-7526 / 010-9176-7526. 통화시간: 월~금 오전 9시~저녁 7시)
신청 도서 목록을 알려주시면 입금하실 금액을 안내해 드립니다.
신청하실 때는 책을 받으실 주소와 전화번호를 함께 알려주세요.
책신청은 전화 외에도 영성의 숲 홈페이지의 [책신청] 코너,
출판사 이메일(spiritforest@hanmail.net)을 사용하실 수 있습니다.

3. 송금

안내 받으신 도서 대금을 아래 계좌로 입금해 주세요.
(국민은행: 461901-01-019724, 우체국: 013649-02-049367, 예금주: 이혜경)
신청자 성함과 입금자 성함이 일치하지 않는 경우에는 입금자 성함을
꼭 알려주셔야 확인이 가능합니다.

4. 배송

입금 확인 후에 바로 발송 작업을 하는데, 발송후 도착까지 보통 2-3일 정도가 소요 됩니다. 책을 급하게 필요로 하실 경우에는 일반 서점을 이용해 주세요. 해외 배송을 원하시는 분은 총판을 담당하고 있는 생명의 말씀사로 문의해주시기 바랍니다. (생명의 말씀사 080-022-1211 www.lifebook.co.kr)

<기도 시리즈>

1. 하늘의 권능이 임하는 부르짖는 기도 1
영성의 숲. 373쪽. 13,000원 / 핸디북 10,000원
부르짖는 기도는 모든 기도의 형태 중에서 가장 기본적이고 중요한 기도입니다. 이 기도를 바르게 배우고 적용한다면 하늘의 권능이 임하는 것을 경험하게 되며 모든 면에서 강건한 그리스도인이 될수 있을 것입니다.

2. 하늘의 권능이 임하는 부르짖는 기도 2
영성의 숲. 444쪽. 15,000원 / 핸디북 11,000원
부르짖는 기도 1권은 발성의 의미, 능력과 부르짖는 기도의 전체적인 원리를 다루 었으며 2권은 부르짖는 기도의 실제로서 구체적인 기도의 방법과 적용원리를 다루고 있습니다. 3부에 수록된 다양한 승리의 간증은 독자님들에게 좋은 도전이 될 것입니다.

3. 대적기도의 원리와 능력
영성의 숲. 400쪽. 14,000원 / 핸디북 11,000원
대적기도 시리즈 1편. 대적기도는 주님께 간구하는 기도가 아니며 우리에게 주어진 권세와 능력을 발견하고 사용하여 능력과 승리를 경험하는 기도입니다. 이 기도를 알게 될 때 당신의 삶은 진정 달라지게 될 것입니다.
휴대를 위한 작은 사이즈의 핸디북도 있습니다.

4. 대적기도의 적용 원리
영성의 숲. 424쪽. 14,000원 / 핸디북11,000원
대적기도 시리즈 2편. 대적기도에도 원리와 법칙이 있습니다. 그 원리와 법칙을 잘 익혀서 실제의 삶에 적용한다면 우리는 풍성한 삶을 살 수 있습니다. 이 책에서는 그 원리들을 구체적으로 제시해 주고 있습니다.
휴대를 위한 작은 사이즈의 핸디북도 있습니다.

5. 대적기도를 통한 승리의 삶
영성의 숲. 452쪽. 15,000원 / 핸디북 12,000원
대적기도 시리즈 3편. 대적기도를 인간관계, 가정에서의 삶, 복음 전도와 사역에 구체적으로 적용하는 방법을 제시하였습니다. 여기서 제시된 원리를 잘 읽고 적용한다면 삶과 사역에 있어서 많은 변화와 승리를 경험할 수 있게 될 것입니다.
휴대를 위한 작은 사이즈의 핸디북도 있습니다.

6. 대적기도의 근본적인 승리 비결
영성의 숲. 454쪽. 15,000원 / 핸디북 12,000원
대적기도 시리즈 4편. 완결편. 1부에서는 악한 영들을 근본적으로 완전하게 제압하고 승리할 수 있는 원리와 비결을 제시하고 있습니다. 2부에서는 대적기도를 적용하고 경험한 성도들의 사례가 실려 있는데 이것은 각 사람의 적용과 승리에 좋은 참고가 될 수 있을 것입니다. 휴대를 위한 작은 사이즈의 핸디북도 있습니다.

7. 아름답고 행복한 기도의 세계
영성의 숲. 276쪽. 9,000원
〈기도업데이트〉의 개정판. 자연스럽고 편안하게 기도의 아름다움과 행복에 잠길 수 있도록 돕는 책입니다. 기다리는 기도, 듣는 기도, 안식하는 기도 등 다양하고 풍성한 기도의 원리들을 일상의 예화들을 통하여 쉽게 정리하였습니다.

8. 주님의 마음에 이르는 기도
영성의 숲. 309쪽. 10,000원
기도의 원리와 방법에 대한 200개의 조언을 담았습니다. 주님의 마음을 향하여 가는 것. 그것이 기도의 방향이며 목적임을 보여주는 책입니다.

9. 주님의 임재를 경험하는 길
영성의 숲. 308쪽. 10,000원
〈주님을 경험하는 100가지 방법〉의 개정판. 주님의 살아계심과 임재를 경험하기 위한 100가지의 실제적인 방법을 제시하고 있습니다. 사모하는 마음으로 이 방법들을 시도한다면 누구나 쉽게 그분의 역사를 경험하게 될 것입니다.

10. 예수 호흡기도
영성의 숲. 460쪽. 15,000원 / 핸디북 11,000원
호흡을 통한 기도가 주님의 임재와 영적 실제에 들어가는 중요한 비밀이며 열쇠임을 보여주는 책입니다. 이 책에 제시된 원리와 방법을 충실히 시도해 본다면 누구나 놀라운 변화를 경험하게 될 것입니다.

11. 방언기도의 은혜와 능력 1권
영성의 숲. 459쪽. 16,000원 / 핸디북 12,000원
방언기도 시리즈 1편. 방언에 대한 성경적이고 균형잡힌 설명 뿐 아니라, 저자의 개인적인 경험과 간증, 방언을 받는 과정과 통역을 시도하는 과정에 대한 구체적인 설명, 여러 경험자들의 실례가 풍성하게 실려있어, 방언의 은혜에 대해 이해하고 적용하는 데에 실제적인 도움을 주는 책입니다.

12. 방언기도의 은혜와 능력 2권
영성의 숲. 403쪽. 14,000원 / 핸디북 11,000원
방언기도 2편에서는 방언과 통역이 발전해 나가는 과정과 그 영적인 의미를 깊이있게 다루었습니다. 방언의 가치와 의미를 바르게 이해하고 적용하게 될 때, 오래 동안 방언을 사용하면서도 주님의 은총를 누리지 못하던 이들이 주님의 가까우심과 아름다우심을 풍성히 경험하게 될 것입니다.

13. 방언기도의 은혜와 능력 3권
영성의 숲. 489쪽. 16,000원 / 핸디북 12,000원
방언 기도 시리즈의 결론적인 부분을 다룬 책입니다. 방언에 대한 부정적인 견해와 원인들, 방언을 통해 어떻게 부흥이 시작되는지, 은사의 바른 방향과 의미, 목적 등을 정리하였고, 전체적인 요약정리와 함께 경험자들의 구체적인 사례들을 첨부하여 실제적인 적용에 도움이 되도록 하였습니다.

<영성 시리즈>

1. 영성의 실제를 경험하는 길
영성의 숲. 357쪽. 12,000원
〈그리스도인의 아름다운 영성〉의 개정판.
많은 은혜의 도구들이 있지만 그것들이 다 주님을 접촉하는 것은 아닙니다. 참다운 영성과 주님을 경험하는 원리를 제시하는 책입니다.

2. 생각의 자유를 경험하는 길
영성의 숲. 228쪽. 8,000원
〈그리스도인의 생각 다스리기〉의 개정판. 우리가 겪는 삶의 대부분의 고통들은 스스로 만들어낸 생각의 감옥에 지나지 않으며 생각을 분별하고 관리함으로써 풍성하고 행복한 삶을 살 수 있다는 메시지를 다양한 예화와 함께 설득력 있게 제시하고 있습니다. 많은 교회에서 훈련 교재로 사용되기도 했습니다.

3. 영성의 중심은 사랑입니다
영성의 숲. 243쪽. 8,000원
하나님의 은혜를 받아들이고 누림으로써 진정한 사랑과 따뜻함의 세계를 경험할 수 있도록 돕는 책. 신앙의 따뜻함과 아름다움을 회복하고, 영혼들을 이해하고 도울 수 있는 관점을 제시하고 있습니다.

4. 영성의 원리
영성의 숲. 319쪽. 11,000원
영성에도 원리가 있습니다. 이 책은 영성의 발전을 위한 다양한 원리들, 영의 흐름, 영의 인식, 영적 승리를 위한 중보 등의 원리를 실제적인 예와 함께 잘 설명해 줍니다. 영적 부흥과 충만함을 사모하는 이들에게 좋은 참고서가 될 수 있을 것입니다.

5. 문제는 주님의 음성입니다
영성의 숲. 227쪽. 9,000원
우리의 삶에 다가오는 여러가지 어려움들, 문제들은 우연이 아닙니다. 거기에는 주님의 배려와 가르치심이 있으며 반드시 우리가 배워야 할 것이 있습니다. 이 책은 그 문제들에서 주님의 뜻과 음성을 발견하는 원리를 가르쳐 주고 있습니다.

6. 영성의 발전은 어떻게 이루어지는가
영성의 숲. 254쪽. 8,000원
〈영성의 상담〉의 증보 개정판. 영성에 대한 여러 질문과 답변을 통해 다양한 영적현상의 의미와 삶 속에서 영적 성장을 이루는 구체적인 방법들을 소개하고 있습니다.

7. 지금 이 공간에 임하시는 주님
영성의 숲. 340쪽. 12,000원
주님은 믿을수 없을만큼 가까이 계시지만 사람들은 흔히 그분을 무시함으로 그의 임재를 소멸시킵니다. 이책은 그분의 가까우심과 구체적인 공간을 통한 임재, 나타나심을 경험할수 있도록 실제적인 지침을 제시하고 있습니다.

8. 심령이 약한 자의 승리하는 삶
영성의 숲. 228쪽. 9,000원
영혼의 힘이 약하고 마음이 여리고 민감하여 고통을 겪고 있는 이들을 위한 책. 영혼의 원리 및 기질과 사명을 이해함으로써 이전에 알지 못했던 자유와 해방과 놀라운 행복감을 누리게 될 것입니다.

9. 천국의 중심원리
영성의 숲. 452쪽. 14,000원
천국은 사후에만 갈 수 있는 장소가 아닙니다. 이 땅에 살면서 천국의 임재, 그 천국의 빛과 영광을 경험할 수 있습니다. 이 책에서는 내면세계의 천국을 경험하기 위한 길과 원리를 제시해 주고 있습니다.

10. 행복한 신앙을 위한 28가지 조언
영성의 숲. 348쪽. 12,000원
〈자유롭고 행복한 그리스도인 1〉의 개정판. 묶여 있고 창백한 의식의 틀을 벗어나, 자유롭고 풍성한 믿음의 삶으로 나아가도록 돕는 책입니다. 28가지 조언속에 행복한 신앙을 위한 영적 원리들을 담고 있습니다.

11. 성숙한 신앙을 위한 30가지 조언
영성의 숲. 340쪽. 12,000원
〈자유롭고 행복한 그리스도인2〉의 개정판. 의식이 바뀔 때 천국의 자유와 기쁨을 누릴 수 있음을 보여주는 책입니다. 묶여있는 사고와 습관, 잘못된 의식에서 해방되는 원리를 제시해 주고 있습니다.

12. 의식의 깨어남을 사모하라
영성의 숲. 239쪽. 9,000원
잠과 꿈과 깨어남의 실체를 보여주며 진정한 깨어있음의 세계로 인도하는 책입니다.
의식과 영혼을 깨우기 위한 방법과 원리들을 제시해 주고 있습니다.

13. 주님의 마음, 주님의 임재 속으로
영성의 숲. 348쪽. 12,000원
오늘날 주님의 마음에 대한 많은 오해가 있어서 주님의 깊으신 임재에 들어가지 못합니다. 이 책은 그 오해를 풀어주며 우리를 향한 주님의 사랑을 보여주고 그 사랑의 임재 속에 들어가는 길을 안내해주고 있습니다.

14. 영성의 발전을 갈망하라
영성의 숲. 292쪽. 10,000원
영성의 진리 시리즈 1편. 영성을 깨우고 발전시킬 수 있는 다양한 이야기, 원리, 법칙들을 묶은 36가지의 메시지가 수록되어 있습니다. 영혼의 각성에 도움이 되는 지식과 도전을 얻게될 것입니다.

15. 집회에서 흐르는 주님의 은혜
영성의 숲. 254쪽. 8,000원
이미 출간되었던 [집회 가운데 임하시는 주님]을 새롭게 개정하였습니다. 회원들의 간증을 줄이고 더 많은 분량을 추가하였습니다. 집회 가운데 나타나는 주님의 생생한 역사와 이에 관련된 여러 영적 원리를 기술하였습니다. 읽을수록 집회 현장에 있는 듯한 감동과 은혜를 얻을 수 있을 것입니다. 은혜를 사모하는 이들, 영성 사역에 관심이 있는 사역자들에게 좋은 참고가 될 것입니다.

16. 삶을 변화시키는 생명의 원리
영성의 숲. 348쪽. 값 12,000원
삶 속에서 열매를 맺을 수 있는 비결과 원리를 시편 1편의 말씀과 요한복음 15장의 말씀을 중심으로 제시하고 있습니다. 포도나무이신 주님과 가지로서 항상 연결되는 삶이 열매를 맺는 원리이며 은총의 비결인 것을 명쾌한 논지로 설명하고 있습니다. 신앙의 기초와 방향을 분명히 밝히는 책으로서 풍성한 삶과 승리하는 삶을 갈망하는 그리스도인들에게 귀한 도전이 될 것입니다.

17. 낮아짐의 은혜1
영성의 숲. 308쪽. 값 11,000원
쉽게 하나님의 임재를 경험하며 그 은혜 가운데 머무르는 사람이 있습니다. 그 은총의 비밀은 무엇일까요? 그것은 바로 낮아짐이며 이를 통하여 주의 무한한 은혜와 천국의 풍성함을 누릴 수 있음을 본서는 증명합니다. 사람을 파괴하는 높아짐의 시작과 타락, 은혜의 회복, 열매의 풍성함 등을 다루고 있으며 누구나 그 은혜의 세계에 쉽게 이르도록 길을 제시하고 있습니다.

18. 낮아짐의 은혜 2
영성의 숲. 388쪽. 값 14,000원
낮아짐은 감추어진 비밀이며 천국의 문을 여는 보화입니다. 마귀는 낮아짐을 빼앗을 때 그 영혼을 사로잡을 수 있으므로 온갖 유혹으로 이 보화를 가로챕니다. 하나님은 천국의 풍성함을 주시기 위하여 낮아짐을 훈련하시며 인도하십니다. 2권은 적용을 주로 다루며 구체적으로 풍성한 은총을 누릴 수 있도록 권면하고 있습니다.

19. 그리스도를 갈망하는 삶
영성의 숲. 268쪽. 값 10,000원
부흥과 영적 깨어남, 영성의 다양한 원리에 대한 이야기. 삶 속의 이야기와 함께 자연스럽게 풀어서 정리하였습니다. 일상의 사소한 삶에서 영적 원리를 발견하고 적용하도록 도우며 그리스도에 대한 갈망이 증가되도록 도전하고 있습니다.

20. 영이 깨어날수록 천국을 누린다
영성의 숲. 244쪽. 값 8,000원
독자들과 일대일로 마주 앉아서 대화를 하듯이 영적 성장과 풍성한 삶을 누리는 원리에 대해서 메시지를 전달하고 있습니다. 사랑하는 삶, 영성의 깨어남에 대한 새로운 통찰력을 제공해주며 기쁨으로 주님을 따르는 길을 제시해줍니다.

<생활 영성 시리즈>

1. 주님과 차 한잔을
영성의 숲. 220쪽. 6,000원
신앙의 귀한 진리들, 주님을 사모하고 가까이 나아가는 데 도움이 되는 원리들을 유머를 통해 밝고 즐겁게 전달해주는 책입니다.
주님과 같이 차를 한잔 마시는 기분으로 부담없이 읽다 보면 자연스럽게 영적 통찰을 얻을 수 있을 것입니다.

2. 일상의 삶에서 주님을 의식하기
영성의 숲. 280쪽. 8,000원
일상의 사소한 삶 속에서 주님을 의식하며 살아가는 이야기. 신앙과 영성은 기도할 때만이 아니라 일상의 모든 삶 속에서 나타나야 한다. 작고 사소한 모든 일에서 주님을 의식하는 것이 진정한 행복의 원리인 것을 이 책은 보여주고 있습니다.

3. 일상에서 경험하는 주님의 사랑
영성의 숲. 277쪽. 8,000원
일상의 묵상 시리즈 2편. 사소한 일상의 삶에서 주님의 임재와 사랑을 느끼고 주님의 메시지를 경험하는 이야기. 항상 모든 것에서 주님의 마음과 시선으로 삶과 사람을 보고 느껴야 하며 이를 통해서 날마다 천국을 경험할 수 있음을 사소한 삶의 이야기를 통하여 부드럽게 전달해주고 있습니다.

4. 삶이 가르치는 지혜
영성의 숲. 212쪽. 6,000원
〈삶이 가르치는 지혜〉의 개정판. 우리의 삶에서 경험하는 많은 즐거운 일, 힘든 일들이 결국 우리 영혼의 성장을 위하여 주어진 일임을 보여줍니다. 가슴을 따뜻하게 하는 소박한 이야기들을 통해서 사랑의 중요성을 다시 한번 깨닫게 합니다.

5. 사랑의 나라로 가는 여행
영성의 숲. 156쪽. 5,000원
〈사랑의 나라〉의 개정판. 어른들을 위한 우화로서 한 청년이 여행을 통하여 삶의 목적과 방향을 깨달아 가는 과정이 흥미진진하게 전개되고 있습니다. 즐겁게 이야기를 읽어나가다보면 영적 성장의 방향과 중심, 영적 세계의 에너지와 원리, 흐름을 이해하는데 도움이 될 것입니다.

6. 하나님의 뜻을 발견해 가는 여행
영성의 숲. 269쪽. 신국판 변형 8,000원
성경에 등장하는 입다, 다윗, 암논의 삶과 사건들을 통하여 하나님의 아버지 마음과 하나님의 의도와 훈련을 이해하고 발견하도록 안내하는 책입니다. 등장인물들의 마음과 정서가 드라마처럼 녹아있어 흥미와 감동을 전달해 줍니다.

7. 일상에서 경험하는 주님의 은혜
영성의 숲. 253쪽. 값 8,000원
일상시리즈 3편입니다.
가족 이야기, 모임 이야기, 일상에서 경험하는 여러 가지 일들을 통해서 영적 원리와 교훈을 정리하였습니다.
일기와 이야기 형식으로 기록되어 있어서 즐겁게 읽는 가운데 주님과 같이 걷는 삶의 흐름 속으로 들어갈 수 있게 될 것입니다.

<묵상 시리즈>

1. 맑고 깊은 영성의 세계를 향하여
영성의 숲. 140쪽. 5,000원.
잠언시리즈 1편. 내 영혼의 잠언1을 판형을 바꾸어 새롭게 만들었습니다. 순결하고 맑은 영혼으로 성장하기 위한 진리의 묵상들이 간결하게 정리되어 있습니다.

2. 주님은 생수의 근원 입니다
영성의 숲. 196쪽. 6,000원
〈내 영혼의 잠언2〉의 개정판. 맑고 투명한 영성의 세계로 안내하는 영성 잠언집. 새벽녘의 신선하고 향긋한 바람처럼 우리 영혼을 달콤하게 채워주는 묵상의 글들을 모아서 정리했습니다.

3. 묻지 않는 자에게 해답을 던지지 말라
영성의 숲. 156쪽. 5,000원
삶과 사랑과 영혼의 진리를 담은 잠언 시집.
인생의 의미와 진리, 영성의 발전과정을 예리하면서도 부드러운 시각으로 표현하고 있습니다. 불신자에 대한 전도용으로도 좋은 책입니다.

4. 영혼을 깨우는 지혜의 샘물
영성의 숲. 180쪽. 6,000원
〈영적 성숙으로 향하는 여행〉의 개정판
인생, 진리, 마음, 영성 등 중요한 8가지의 주제에 대한 짧은 묵상을 담았습니다. 맑은 샘물이 흐르듯이 간결한 지혜의 메시지가 영성을 일깨워주는 책입니다.

아름답고 행복한 기도의 세계

1판 1쇄 발행	2000년 5월 10일 (베드로서원)
1판 6쇄 발행	2004년 1월 15일 (베드로서원)
2판 1쇄 발행	2005년 6월 15일 (영성의숲)
2판 5쇄 발행	2010년 1월 25일 (영성의숲)
3판 1쇄 발행	2011년 9월 25일 (영성의숲)
3판 3쇄 발행	2018년 1월 20일 (영성의숲)
지은이	정원
펴낸이	이 혜경
펴낸곳	영성의 숲
등록번호	2001. 7. 19 제 8-341 호
전화	02 - 355 - 7526 (영성의숲)
핸드폰	010 - 9176 - 7526 (영성의숲)
E - mail	spiritforest@hanmail.net (영성의숲)
홈페이지	cafe.daum.net/garden500 (정원목사 독자 모임)
	cafe.naver.com/garden500 (정원목사 독자 모임)
국민은행	461901 - 01 - 019724
우체국	013649 - 02 - 049367
예금주	이 혜경
총판	생명의 말씀사
전화	02 - 3159 - 8211
팩스	080 - 022 - 8585,6

값 9,000원
ISBN 978 - 89 - 90200 - 84 - 6 03230